山东中医药大学"马克思主义理论与中医药软实力科研创新团队"及2020年度山东省社科规划研究专项课题（项目号：20CSZJ82）资助出版。

普列汉诺夫
文化理论研究

郭 鹏／著

人民出版社

序　言

　　本书研究的是普列汉诺夫的马克思主义文化理论。普列汉诺夫的文化理论，就是他对于文化的基本看法，即具体应该包括普列汉诺夫本人原创的对于什么是文化和怎样对待文化的基本理论。对于什么是文化，他主要从文化的内涵、起源发展、特征、类型、功能、地位等方面进行了回答；对于怎样对待文化，他主要从坚持文化和发展文化两个方面进行了回答。研究普列汉诺夫文化理论具有重要的理论和实践意义。其理论价值在于，普列汉诺夫文化理论是普列汉诺夫思想的重要组成部分，但是，目前学界还没有进行系统研究，因此，该书在一定意义上填补了空白；普列汉诺夫文化理论是马克思主义文化理论的重要组成部分，通过该书可以深入地把握马克思主义文化理论与时俱进的理论品格。其实践价值在于，研究他的文化理论可以为马克思主义文化建设提供重要的理论来源；研究他的文化理论也必将为新时代中国特色社会主义先进文化建设提供重要的借鉴作用；探讨其文化理论和政治立场之间的矛盾关系，分析存在不足的根本原因，从而为解决各种现实文化建设、文化发展问题提供有益借鉴。普列汉诺夫文化理论的研究采用了文献研读方法、逻辑与历史相统一的方法、系统分析的方法、学术梳理的方法等。

普列汉诺夫文化理论的形成是其客观条件和主观条件相互作用的结果。从客观条件来看,普列汉诺夫文化理论形成与当时的社会历史条件是分不开的。当时世界资本主义及俄国资本主义的迅速发展和俄国农村公社的解体,民粹主义瓦解,工人运动的迅速发展,第二国际时期各种反马克思主义思潮的泛滥等构成了普列汉诺夫文化理论形成的客观历史条件;从理论来源上来说,普列汉诺夫文化理论是在继承前人文化理论基础上发展起来的,这主要包括俄国优秀传统文化,18世纪启蒙学者和19世纪空想社会主义学者的文化探索,马克思、恩格斯的文化理论等,这些文化理论构成了普列汉诺夫文化理论形成的理论渊源。从主观条件来看,坚实的文化理论基础,热爱人民的思想,深厚的马克思主义理论功底,持续的奋斗精神,这些主观条件促进了普列汉诺夫文化理论的最终形成。

普列汉诺夫文化理论经历了一个形成和发展的过程。这个过程,可以划分为既有区别又相互联系的三个阶段。第一阶段,从1876年到1885年是普列汉诺夫文化理论的初步形成期。在这一阶段,普列汉诺夫通过阅读马克思恩格斯理论著作,对马克思主义了解逐步深化,并以此开始认识文化,初步提出了文化的基本理论,并运用这一基本理论具体分析了俄国文化的性质。在1883年发表的《社会主义与政治斗争》一文中,普列汉诺夫具体阐述了他的文化基本理论,这主要包括:文化的理论基础,文化发展的一般历史进程,对待文化的正确做法等。这些阐述,坚持和运用了马克思主义基本原理,因此,这篇文章可以说是标志着普列汉诺夫文化理论的初步形成。在1885年发表的《我们的意见分歧》中,普列汉诺夫则运用这一基本理论具体分析了俄国文化的性质。在这篇文章中,普列汉诺夫开始运用他的文化基本理论具体分析俄国文化的性质,它标志着他的文化理论的正式形成。因此,从1876年到1885年,这段时期可以看作是普列汉诺夫文化理论的形成期。第二阶段,从1885年到1903年,这段时期可以说是普列汉诺夫文化理论的发展成熟期。从1885年到1898年俄国社会民主工党建立之前,这一时期普列汉诺夫发表了《黑格尔逝世六十周年》《论一元论历史观之发展》《唯物主义史论丛》《论个人在历史上的作用》等著作,在这些著作中普列汉诺夫提出了一系列独具特色的文化理论,这主要包括:社会有机体理论、地理环境理论、个人在历史上的作用理论、"五项因素公式"理论等,这些文化理论经历了从提出、发展、成熟,到最后以经典的形式表述的过程。从1898年到1903年俄国社会民主工党第二次会议之前,这一时期,普列汉诺夫运用马克思主义理论批判了经济主义、"合法马克思主义"、修正主义等的错误,从而捍卫了马克思主义的纯洁性。因此,从1885年到1903年,普列汉诺夫的文化理论,在这一阶段,普列汉诺夫以初步形成期的文化理论作为基础,立足于俄国马克思主义的发展,在批判各种错误理论的过程中,进一步阐述了他的文化理论,从而赋予了文化更多的理论内涵,使文化理论趋于成熟和系统化。一方面,这一时期他坚持了马克思恩格斯文化理论的基本观点,坚决批判各种错误理论,从而捍卫了马克思主义理论,因此,可以说,这些理论是普列汉诺夫对于马克思恩格斯文化理论的继承;另一方面,这一时期可以说是普列汉诺夫对于马克思恩格斯文化理论的丰富发展期。之所以这样说,是因为普列汉诺夫提出了一些独具特色的文化理论,这些文化理论是马克思恩格斯的文化理论阐述不够成熟的或者说是阐述较少的,甚至没有论述的,但是,普列汉诺夫以马克思主义基本原理为指导,深入地阐发了这些文化理论,从而,丰富和发展了马克思主义文化理论。因此,这一阶段可以看成是普列汉诺夫文化理论的发展成熟期。第三阶段从1903年到1916年是普列汉诺夫文化理论的进一步发展期,这一阶段普列汉诺夫提出了完整的文化理论,并且运用其文化理论分析了艺术、宗教、俄国文化等,从而验证了普列汉诺夫一般文化理论的正确性,因此,可以说是普列汉诺夫文化理论的进一步发展期。这一时期发表了《没有地址的信》《从唯物史观的观点论艺术》《唯物主义史论丛》《论俄国所谓宗教探寻》等著作,在这些著作中,自觉以一般文化理论作为指导,进一步具体阐述了艺术、宗教、俄国文化的内涵、本质、起源、社会作用等基本问题。而艺术、宗教、俄国文化是马克思和恩格斯没有来得及深入考察的领域,普列汉诺夫则以唯物史观作为理论基础深入阐述了艺术、宗教、俄国文化,可以说,这既验证了他的一般文化理论的正确性,又进一步丰富发展了马克思主义文化理论。因此,从这个意义上说,这一时期,可以说是普列汉诺夫文化理论的进一步发展期。通过对普列汉诺夫文化理论的初步形成、发展成熟和进一步发展期的分析,我们看出在普列汉诺夫的著述中关于文化的论述是非常丰富的,文化理论在普列汉诺夫思想发展史上有着连续性。这说明,普列汉诺夫虽然没有以专著的形式系统地表达文化,但是在普列汉诺夫的著作中的确存在着关于文化的理论体系。

普列汉诺夫文化理论具有极其丰富的内容。这主要包括普列汉诺夫对于什么是文化和怎样对待文化的看法。对于什么是文化,他着重强调:文化的内涵、文化的起源发展、文化的特征、文化的类型、文化的功能、文化的地位。关于文化的内涵,他以唯物史观作为理论基础,主要从社会心理、意识形态、文化水平和社会结构等方面定义了文化;关于文化的起源与发展,他主要从客观条件和主观条件出发,阐述了文化的形成,从生产力的角度,阐述了文化的变化发展,从客观规律的角度,强调了文化的发展是一个有规律的客观历史过程;关于文化的特征,特别强调文化的阶级性、革命性、发展性等重要特征;关于文化的类型,他根据不同的分类标准,把文化分成了不同的类型;关于文化的功能,他主要强调文化的认知功能和凝聚功能;关于文化的地位,它主要强调文化在社会结构中的重要地位。对于怎样对待文化,普列汉诺夫着重强调:一方面,需要坚持马克思主义文化基本理论;另一方面,需要在实践中不断发展马克思主义文化理论。对于坚持马克思主义文化理论,普列汉诺夫认为:第一,应该坚持马克思主义文化发展的主体论,这主要包括文化发展必须依靠人民群众,文化发展的领导阶级必须是无产阶级;第二,还需要坚持马克思主义文化发展的任务论,这主要包括文化发展的任务是启发无产阶级自觉意识和保证无产阶级革命运动顺利进行。对于发展马克思主义文化理论,普列汉诺夫认为坚持马克思主义的基本原则是发展马克思主义文化理论的前提条件,这主要包括一切从实际出发的原则和创新的原则。

普列汉诺夫文化理论在马克思主义文化理论发展史上占有重要的历史地位,这主要表现在:首先,普列汉诺夫文化理论继承、丰富和发展了马克思恩格斯的文化理论;其次,普列汉诺夫文化理论对列宁文化理论的形成和发展具有重要的启迪作用;最后,普列汉诺夫文化理论对于国际共产主义运动特别是俄国共产主义运动发挥了重要的指导作用。普列汉诺夫文化理论具有重要的现实意义,社会心理理论的启示是,社会主义核心价值观教育首先需要重视社会心理的作用;文化的继承性与发展性理论的启示是,中国特色社会主义文化建设一方面需要继承优秀的中国传统文化,另一方面需要与时俱进地发展文化;文化主体性理论的启示就是中国特色社会主义文化建设一定要发挥民众的积极性;当然,实事求是地说,普汉诺夫的文化理论也有一定的历史局限性。比如:一方面,普列汉诺夫侧重于文化的理论研究,缺乏对于文化政策的研究。另一方面,普列汉诺夫的文化理论是有所发展、有所创新的,但是缺乏突破性的发展。这些局限性,需要我们在新的历史条件下和新的实践中加以纠正和克服。

目　　录

导　　论

一、研究的对象

本书研究的是普列汉诺夫的文化理论。普列汉诺夫的文化理论具有丰富的内容，既有马克思主义文化理论，又有非马克思主义文化理论，非马克思主义文化理论包括其民粹主义文化理论和民族主义文化理论等。本书研究的则是普列汉诺夫的马克思主义文化理论。普列汉诺夫是马克思主义发展史上的一位重要人物，他是联系马克思、恩格斯和列宁的中间环节，他虽然没有像马克思、恩格斯、列宁那样取得巨大的成就，但是，也有自己的独具特色之处，为马克思主义理论的发展作出了重要贡献。在理论方面，普列汉诺夫一生写了很多有关马克思主义经济、政治、文化的理论著作。对于普列汉诺夫一生的学术功绩和历史地位，列宁曾经有过两个纲领性的评价。一是说：普列汉诺夫"精通唯物主义"，[1]是"最通晓马克思主义哲学的社会主义者"，[2]认为他的马克思主义

---

[1]　《列宁全集》第20卷，人民出版社2017年版，第129页。

[2]　《列宁全集》第23卷，人民出版社2017年版，第153页。

哲学著作是"必读的共产主义教科书"。① 二是说:他在俄罗斯民族文化发展中占有重要地位,和车尔尼雪夫斯基一样是俄罗斯民族文化的优秀代表。这两条评价一是肯定了普列汉诺夫在马克思主义哲学史上的地位,二是肯定了他在俄罗斯民族文化发展中的地位。这两条评价互相联系,但又各自具有独特的内涵和范围。

其次还需要对文化理论做出界定。目前,我国理论界存在三种关于文化的观点:第一种是广义的文化观,具有代表性的是《现代汉语标准辞典》中提出的:文化是人类社会生产中物质文化和精神文化的总和。第二种是中义的文化观,就是《辞海》中提出的:文化是指人类创造的精神财富的总和。这里的文化把物质文化排除在外。第三种是狭义文化观,具有代表性的是毛泽东在《新民主主义论》中提出的观念形态的文化。所谓观念形态的文化就是社会中的意识形态。本书普列汉诺夫文化理论中的文化是中义的文化。

普列汉诺夫文化理论,就是他提出的有关文化的基本理论,主要包括什么是文化和怎样对待文化的看法。普列汉诺夫文化理论的主要内容内涵于他对文化的阐述中。对于什么是文化,他主要从文化的起源、发展、内涵、特征、类型、结构、功能等方面进行了唯物史观的揭示;对于怎样对待文化,他主要从坚持马克思主义文化理论和发展马克思主义文化理论两个方面进行了唯物辩证法的揭示。在传播、捍卫、坚持、运用和发展马克思主义的过程中,形成了普列汉诺夫独具特色的文化理论。普列汉诺夫文化理论是客观存

① 《列宁全集》第40卷,人民出版社2017年版,第295页。

在的,这是研究的基础。普列汉诺夫是一个复杂的历史人物,青年普列汉诺夫从信仰民粹主义转为信仰马克思主义,晚年他又从信仰马克思主义堕落为一名政治上的机会主义分子。尽管普列汉诺夫在晚年犯了政治错误,但是,自从他信仰马克思主义之后,他就一直坚持自己的崇高信仰,因此,政治上所犯的错误并没有阻碍他依然在理论上作出了重要贡献,进一步发展了马克思主义文化理论,这也是值得我们思考的地方。

二、研究的意义

在社会主义现代化建设中,文化建设具有重要的战略意义,对社会发展具有深远的意义;作为马克思主义文化理论的基础性研究,本书是首次对普列汉诺夫文化理论进行深入探讨,该研究具有重要的理论价值和实践价值。

普列汉诺夫文化理论研究的理论价值在于:第一,普列汉诺夫文化理论是普列汉诺夫思想的重要组成部分,研究它有利于进一步丰富和发展马克思主义理论。普列汉诺夫一生著述颇多,涉及马克思主义经济、政治、文化等各个方面。但是目前为止,学界对其的研究主要集中在政治上的机会主义,文化方面主要涉及文化的具体领域如哲学、艺术、宗教等方面,但是还没有从整体文化方面进行系统的研究,因而研究普列汉诺夫文化理论在一定意义上填补了空白。第二,普列汉诺夫文化理论有利于进一步丰富和发展马克思主义文化理论。普列汉诺夫在马克思主义发展史上处于重要地位,他的文化理论对于马克思恩格斯文化理论具有继承、丰富和发展的作用,对于列宁文化理论的形成具有启发作用。因此,深入研究普列汉诺夫文化理论,有利于把握马克思主义文化理论的发展性特征。

普列汉诺夫文化理论研究的实践价值在于:第一,研究普列汉诺夫文化理论有利于巩固马克思主义文化理论在意识形态的指导地位。马克思主义理论揭示了人类社会发展的本质和一般规律,是世界观和方法论的统一,它涵盖了经济、政治、文化和社会等领域。其中,马克思主义文化理论是马克思主义理论的重要组成部分,它对于坚持马克思主义理论在意识形态中的指导地位具有至关重要的意义。因此,在实践中,要加强马克思主义文化建设,必须在理论方面加强马克思主义文化研究,而从马克思主义发展史上重要人物的文化理论入手,挖掘其深刻内涵,是其中非常重要的一个方面。在马克思主义发展史上,普列汉诺夫具有承前启后的重要作用,他的文化理论推动了马克思主义文化理论的丰富和发展。因此,研究普列汉诺夫文化理论有利于巩固马克思主义在意识形态领域的指导地位。第二,研究普列汉诺夫文化理论有利于推动新时代中国特色社会主义先进文化建设。一方面,全球化使得各民族文化之间出现了交融与交流的图景;另一方面,我国社会发展正处于转型期,人们思想文化呈现出多元文化的特点,这其中,既出现了文化的个别失范问题,也出现了多元文化的个别冲突。马克思主义在多元文化体系中居于主导地位,坚持马克思主义在意识形态领域的指导地位,是中国特色社会主义先进文化建设必须坚持的发展方向。坚持马克思主义理论指导,很重要的一个方面就是马克思主义文化理论的指导。普列汉诺夫作为马克思主义发展史上的重要人物,他的文化理论是马克思主义文化理论的重要组成部分,对于中国特色社会主义先进文化建设也具有重要的指导意义。第三,在政治上的机会主义时期,普列汉诺夫文化理论仍然取得了巨大的成就,这也因此引起了很大的争议,因此,深入研究普列汉诺夫文化理论,探讨其文化理论和政治立场之间的矛盾关系,分析存在不足的根本原因,从而为解决各种现实文化建设和文化发展问题提供有益借鉴。

三、目前学术界的研究概况

目前,从对普列汉诺夫已有研究成果来看,主要研究领域为哲学、唯物史观、美学、艺术、意识形态等,这些领域虽然与普列汉诺夫文化理论相关,但是没有直接从文化视角研究普列汉诺夫的。以下笔者就对国内相关研究状况作一概述。

(一)关于普列诺夫的研究概况

1. 普列汉诺夫在国外的研究情况

(1)俄国的研究概况

在20世纪20年代,苏联比较重视对于普列汉诺夫的研究,在这期间《普列汉诺夫全集》第1—24卷和他的著作的一些单行本陆续出版。在20世纪30年代,《普列汉诺夫遗著》第8卷和一些比较著名的著作单行本如《战斗的唯物主义》《反对哲学中的修正主义》等又相继出版。在20世纪40年代,出版了《论一元论历史观之发展》《论个人在历史上的作用》《马克思主义的基本点问题》等非常著名的篇目。在20世纪50年代,《普列汉诺夫哲学著作选集》第1—5卷陆续出版。在20世纪70年代,《普列汉诺夫哲学遗著》第1—3卷出版。

对于普列汉诺夫的评价也不是一帆风顺的。在 20 世纪 20 年代,普列汉诺夫的理论著作和政治实践都得到了高度肯定。在 20 世纪 30—40 年代,对于普列汉诺夫的理论著作和政治实践都进行了全盘否定。到了 20 世纪 50 年代后半期,这时到了普列汉诺夫诞辰 100 周年的时候,又出现了转折,普列汉诺夫的理论著作和政治实践开始得到客观评价。这一时期的约夫楚克·库尔巴托娃的《普列汉诺夫传》,谢德洛夫·米亚斯尼柯夫的《普列汉诺夫》,福米娜的《普列汉诺夫的哲学遗产》等都开始对普列汉诺夫的功过进行了公正客观的评价。

(2)其他国家的主要研究情况

在 20 世纪 20 年代,保加利亚人就开始重视研究普列汉诺夫的著作。普列汉诺夫的十几种著作在保加利亚翻译出版,研究普列汉诺夫理论的著作也陆续出版。《普列汉诺夫在保加利亚》是保加利亚人研究普列汉诺夫的开始,此后,保加利亚人又进一步深化研究,开始谈论普列汉诺夫理论对于保加利亚政治实践和理论活动的影响。此后,波兰、南斯拉夫和日本等国开始重视对于普列汉诺夫理论的研究。此外,普列汉诺夫的理论在欧洲也得到了广泛的传播,产生了重要的影响。

2. 普列汉诺夫在中国的研究情况

从 20 世纪 20 年代开始,中国开始翻译和研究普列汉诺夫的著作。起初,《晨报》副刊开始翻译刊登普列汉诺夫的著作,此后,《新青年》也开始翻译介绍。作为最早将普列汉诺夫文艺思想介绍到中国的学者,任国桢把瓦勒夫松的《浦力汗诺夫与艺术问题》翻译成了中文,并收入到了他于 1925 年出版的译著《苏俄的文艺论战》中。此后,鲁迅、冯雪峰、瞿秋白、胡秋原等很多学者都开始翻译介绍普列汉诺夫的著作。这一时期相继出版了普列汉诺夫哲学和美学的著作如:《唯物主义史论丛》《论一元论历史观之发展》《战斗的唯物论》《艺术与社会生活》《马克思主义基本问题》等。从 20 世纪 20 年代开始到新中国成立这段时间,普列汉诺夫的 15 部著作在中国相继出版。这一时期,普列汉诺夫著作在中国出版和传播有利于人们接触和接受马克思主义。

1949 年新中国成立后,对于普列汉诺夫有关著作的出版和研究进一步加速。《普列汉诺夫哲学著作选集》(1—5 卷)、《社会主义与政治斗争》《我们的意见分歧》《战斗的唯物论》《论西欧文学》《论一元论历史观之发展》《唯物主义史论丛》《论个人在历史上的作用问题》《俄国社会思想史》(1—3 卷)、《没有地址的信》(又名《论艺术》)、《艺术与社会生活》《尼·加·车尔尼雪夫斯基》等普列汉诺夫的理论著作相继出版。在 2008 年,出版了《普列汉诺夫读本》,到 2010 年,又出版了《普列汉诺夫文选》。

在普列汉诺夫著作相继出版的同时,普列汉诺夫理论方面的研究也进一步发展。从 1949 年到 2020 年,研究普列汉诺夫理论的专著达到 12 本,其中,涉及哲学的有 6 本:李清崑和王秀芳的《普列汉诺夫与唯物史观》、何梓焜的《普列汉诺夫哲学思想述评》、李清崑的《唯物史观与哲学史》、王荫庭的《普列汉诺夫哲学新论》、汝信的《唯物史观发展史》,马绍孟的《普列汉诺夫对历史唯物主义的主要贡献》。涉及美学的有 3 本,分别是:全国马列文艺论著研究会的《普列汉诺夫美学思想论集》、马奇的《艺术的社会学解释:普列汉诺夫美学思想述评》、王秀芳的《美学、艺术、社会:普列汉诺夫美学思想研究》。还有 2 本评传,分别是陈启能的《普列汉诺夫》、高放和高敬增的《普列汉诺夫评传》。还有高放,高敬增的 1 本年谱《普列汉诺夫年谱》。

研究者们站在不同领域、通过不同视角对普列汉诺夫的重要思想展开研究,不仅给我们提供了丰富的思想材料,而且为我们能够客观准确地阐述与提炼普列汉诺夫的文化思想提供了可能性。

(二)关于普列汉诺夫文化理论的研究概况

通过搜索中国期刊全文数据库,还有李清崑《唯物史观与哲学史》的附录,统计发现截止到 2020 年 5 月,研究普列汉诺夫理论的学术论文共计 458 篇。从研究的领域来看,涉及马克思主义哲学的最多,多达 283 篇,主要是关于唯物史观、地理环境论、象形文字论、社会心理等,此外还有马克思主义观、哲学史、艺术、文艺学、美学、伦理学、道德、宗教、政治立场转变、整体评论、分段评论等,也有 159 篇。从研究的时段来看:从新中国成立到改革开放之前共有 35 篇;从改革开放开始到 20 世纪 90 年代这一时期达到了高潮,共有 193 篇之多;20 世纪 90 年代到 2000 年有 35 篇;从 2000 年到现在共有 195 篇。人大复印资料 1995—2020 年共转载有关普列汉诺夫的文章 8 篇。

普列汉诺夫文化理论的研究是普列汉诺夫理论研究的重要组成部分。通过搜索中国期刊全文数据库进行统计:从 1979—2020 年,搜索标题关键词"普列汉诺夫",统计出共有 378 篇学术论文;再次搜索标题关键词"文化",统计出共有 4 篇;重新搜索标题关键词"意识形态""美学""艺术""宗教""伦理""道德""社会心理"等文化相关的具体领域,统计得出共有 89 篇。

从学位论文来看,从 1999 年至 2020 年 6 月,涉及普列汉诺夫文化理论相关内容的论文很多,主要是:周宏的 1 篇博士后报告《探索中的思考——第二国际意识形态理论》(2006 年);还有 4 篇博士论文,分别是张驰的《普列汉诺夫社会主义革命思想研究》(2016 年)、王兰的《普列汉诺夫与苏联哲学教科书体系》(2011 年)、罗娟的《普列汉诺夫"五项因素公式"及其当代意义》(2009 年)、郝瑞斌的《普列汉诺夫宗教思想研究》(2009 年);涉及"普列汉诺夫文化理论"的硕士论文 10 篇分别是:夏岩的《普列汉诺夫对唯物史观发展研究》(2018 年)、邹艳丽的《普列汉诺夫的社会结构学说研究》(2017 年)、赵文慧的《普列汉诺夫社会结构思想研究》(2017 年)、黄春明的《论普列汉诺夫对马克思主义的传播》(2015 年)、丁新宇的《普列汉诺夫民主思想研究》(2014 年)、高磊的《普列汉诺夫的〈艺术与社会生活〉思想研究》(2013 年)、张琳琳的《普列汉诺夫的社会心理学说及其当代社会价值》(2010 年)、彭健的《普列汉诺夫的唯物史观研究》(2009 年)、白小斌的《论普列汉诺夫对马克思主义唯物史观的贡献》(2009 年)、毛剑的《左联时期马克思主义文艺理论的引进与发展研究》(2006 年)。

从著作上看,没有专著专门就普列汉诺夫文化理论进行研究,但涉及普列汉诺夫文化理论的相关内容的著作却很多,马绍孟的《普列汉诺夫对唯物史观的主要贡献》、李清崑和王秀芳的《普列汉诺夫与唯物史观》、全国马列文艺论著研究会的《普列汉诺夫美学思想论集》、马奇的《艺术的社会学解释:普列汉诺夫美学思想述评》、王秀芳的《美学・艺术・社会:普列汉诺夫美学思想研究》

等,这些著作都在不同的程度和角度上涉及普列汉诺夫文化理论。

(三)关于普列汉诺夫文化理论研究的主要成果

目前,学界对于普列汉诺夫文化理论的研究,已经取得了较为丰硕的成果,这主要体现在以下六个方面:

1.关于普列汉诺夫的意识形态理论研究

作为第二国际理论家关注的焦点之一,无产阶级革命斗争和意识形态的问题既是马克思主义理论涉及的重大问题,也是当时无产阶级政党必须面对的现实问题。普列汉诺夫作为第二国际优秀理论家,始终关注并思考这个问题,也有着自己的独特见解。《唯物主义史论丛》《论一元论历史观之发展》《论唯物主义的历史观》《马克思主义的基本问题》等普列汉诺夫关于唯物史观的重要论著,都对意识形态问题有所涉及。在这些著作中,普列汉诺夫不仅阐明了意识形态的来源、特点,还深刻揭示了意识形态在整个社会结构中的地位。这不仅丰富了马克思主义的唯物史观,即使对于当代社会,也具有重要的理论和现实意义。学术界经过艰苦探索,对普列汉诺夫的意识形态理论进行了回顾和反思。研究的重点表现在以下几个方面:

(1)关于普列汉诺夫意识形态理论与晚年恩格斯的意识形态思想的关系

郑伟在《从晚年恩格斯到普列汉诺夫:马克思主义意识形态理论的一种进路》①中认为在从"原生态马克思主义"向"马克思

---

① 郑伟:《从晚年恩格斯到普列汉诺夫:马克思主义意识形态理论的一种进路》,《湖北社会科学》2015年第5期。

之后的马克思主义"过渡时期,普列汉诺夫不仅承继了晚年恩格斯的有关思想,而且相比第二国际理论家更显出众,在意识形态的本质、形成机制、能动作用、研究方法等方面提出了诸多独到的见解,这是他坚持理论与实践相结合、坚持历史唯物主义思想连续性与阶段性的内在统一、坚持历史观与辩证法相互联结等历史唯物主义原则的结果。

　　曾德生《普列汉诺夫与晚年恩格斯的意识形态理论》①一文认为,马克思逝世后,恩格斯继续就意识形态问题进行着坚决斗争,撰写了一系列重要著作,进一步发展了马克思主义意识形态理论。普列汉诺夫不仅坚持了恩格斯晚年意识形态理论的基本观点,还与当时的最新实践和时代特点结合了起来,对意识形态的自身规律作了进一步探索,这是对晚年恩格斯意识形态理论的丰富和发展。文章认为普列汉诺夫的意识形态理论是对晚年恩格斯的意识形态理论的丰富和发展,这种评价是客观的,正确揭示了普列汉诺夫意识形态理论的地位。

　　周宏《普列汉诺夫的意识形态的概念》②一文则对恩格斯和普列汉诺夫的意识形态概念进行了细致的分析,指出普列汉诺夫的意识形态概念虽然基本延续了恩格斯晚年对意识形态的事实性指认,把意识形态看作是关于社会的理论体系,普列汉诺夫称之为意识形态的上层建筑。但是,却否认了恩格斯对意识形态的价值

---

　　①　曾德生:《普列汉诺夫与晚年恩格斯的意识形态理论》,《理论探索》2009 年第 5 期。

　　②　周宏:《普列汉诺夫的意识形态的概念》,《哲学研究》2007 年第 8 期。

性指认,普列汉诺夫认为意识形态并不是具有虚假性的理论体系,而是仅仅是一般的理论体系,也没有特别的否定性指向。周宏对于意识形态概念的这种细致分析有利于进一步认识普列汉诺夫的意识形态概念。

(2)关于普列汉诺夫意识形态理论的提出

在《论普列汉诺夫对马克思主义社会意识学说的贡献》①一文中,李澄提出普列汉诺夫对社会意识学说的贡献主要体现在两个方面:一方面,把社会意识分为社会心理与思想体系,其中社会心理属于低级层次,思想体系属于高级层次,首次在马克思哲学发展史把社会意识分为两种形式;另一方面,又把社会意识中的思想体系分为两个层次,即低级的层次和高级的层次,其中,低级的层次就是距离经济基础较近的意识形态,反之则属于高级的层次,这就把针对社会意识内在结构与层次的探讨与研究引向了新层面。李澄对于社会意识的分层是符合普列汉诺夫的社会意识思想的。

(3)关于普列汉诺夫意识形态的概念

周宏在《普列汉诺夫的意识形态的概念》一文中提出:意识形态就是关于社会和自然的理论体系,并且不具有任何特别的否定性指向。各种意识形态之所以具有不同的价值属性,这只是其代表的人们利益各异而导致的外在表现。

---

① 李澄:《论普列汉诺夫对马克思主义社会意识学说的贡献》,《山西师大学报(社会科学版)》1987年第1期。

戈士国在《普列汉诺夫:唯物辩证法视域中的意识形态》①中指出,在意识形态理论发展史上,普列汉诺夫构成了由马克思通往列宁的逻辑中介。普列汉诺夫通过现代唯物主义构建了独具特色的意识形态理论,不仅把"科学"视为较高级的意识形态,还对意识形态科学化问题进行了深入探讨。这对于研究当代的意识形态建构、认知与运作都具有明显的促进作用。戈士国从唯物辩证法的角度对于普列汉诺夫的意识形态的地位评价是客观的,符合实际的。

2. 关于普列汉诺夫社会心理理论的研究

关于社会心理在社会结构中的"中间因素"作用是普列汉诺夫首先提出来的,这一理论是普列汉诺夫的一个著名理论,学界对此研究成果颇丰。

(1)关于普列汉诺夫社会心理内涵和特征的研究

在《论普列汉诺夫对马克思主义社会意识学说的贡献》②一文中,李澄明确指出:普列汉诺夫在不同场合提到的社会心理具有不同含义,有时是指社会意识的低级形式,有时则是与思想体系交替使用,多指社会意识。在普列汉诺夫看来,社会心理作为社会意识低级形式,是日常普通、较为粗糙的社会意识,而思想体系则是比较高级的社会意识,包括诸如政治、法律、哲学、宗教等。

---

① 戈士国:《普列汉诺夫:唯物辩证法视域中的意识形态》,《常熟理工学院学报(哲学社会科学版)》2011 年第 3 期。
② 李澄:《论普列汉诺夫对马克思主义社会意识学说的贡献》,《山西师大学报(社会科学版)》1987 年第 1 期。

在《普列汉诺夫社会结构思想研究》①一文中,赵文慧指出社会心理的特征包括:社会心理的阶级性、社会心理的时代性、社会心理的职业性、社会心理的民族性。并指出社会心理和思想体系同属于社会意识的范畴,但是,二者存在差异,对于社会的作用是不同的。

(2)关于社会心理类型的研究

《唯物史观视阈下的当代中国社会结构论——以普列汉诺夫"五项因素公式"为理论模型的研究》②中把社会心理分类为积极的社会心理,包括个性化的社会心理、竞争性的社会心理、务实性的社会心理;消极的社会心理,道德沦丧心理、拜金主义心理、崇洋媚俗心理。

(3)关于普列汉诺夫社会心理作用的研究

曲洪志在《试论普列汉诺夫的社会心理学说及其作用》③一文中指出,普列汉诺夫将社会意识分为社会心理和思想体系,这在马克思主义哲学发展史上是第一次。普列汉诺夫的这一思想不但对于研究社会心理在社会结构中的特殊作用具有重要意义,而且对于有的放矢地开展宣传教育工作也有重要价值,教育者只有牢牢抓住社会心理这个重要环节,才能把握群众的思想脉搏,卓有成

---

① 赵文慧:《普列汉诺夫社会结构思想研究》,云南师范大学 2017 年学位论文。

② 谢平安:《唯物史观视阈下的当代中国社会结构论——以普列汉诺夫"五项因素公式"为理论模型的研究》,广西师范学院 2017 年学位论文。

③ 曲洪志:《试论普列汉诺夫的社会心理学说及其作用》,《烟台师范学院学报(哲学社会科学版)》2005 年第 3 期。

效地开展教育工作。

池忠军和戎志毅在《当代大学生怀疑主义社会心理新论——普列汉诺夫关于社会心理的有关论述对深层次思想教育的启示》①一文中则论述了普列汉诺夫的社会心理的学说对做好大学生思想工作的重要借鉴价值,特别是对于思想价值多元化的当今社会,在改革开放这个特定的社会变迁时代,大学生社会心理的能动飞跃不是自发实现的,必须积极主动地引导青年学生的思想不断向真理飞跃。

(4)关于普列汉诺夫社会心理与文艺关系的研究

沈永耿在《社会心理与文艺思潮——兼论普列汉诺夫对历史唯物论的贡献》②里指出:社会心理是社会经济政治对文学艺术产生作用的中间环节。从根本上看,文学艺术也属于意识形态的形式之一,但其具有其他意识形态(如道德、哲学、宗教等)所不具备的独特性,其与社会心理之间的关联性更强,联系更为紧密和直接。

蒋今武在《文艺以社会心理为"中间环级"——普列汉诺夫关于文艺与社会心理关系的论述评析》③一文中认为,普列汉诺夫对

————————

①　池忠军、戎志毅:《当代大学生怀疑主义社会心理新论——普列汉诺夫关于社会心理的有关论述对深层次思想教育的启示》,《煤炭高等教育》1991年第2期。

②　沈永耿:《社会心理与文艺思潮——兼论普列汉诺夫对历史唯物论的贡献》,《浙江广播电视高等专科学校学报庆祝建校十周年专辑》,1996年。

③　蒋今武:《文艺以社会心理为"中间环级"——普列汉诺夫关于文艺与社会心理关系的论述评析》,《福建学刊》1996年第1期。

于文艺与社会心理的关系提出了"五项因素公式"理论,认定生产力的发展程度决定了人们在生产过程中的相互关系,即生产关系。这些生产关系和由其决定的政治制度共同影响了社会心理,以及与这种社会心理所一致的文学艺术。

（5）关于普列汉诺夫上层建筑概念的研究

胡为雄在《普列汉诺夫对上层建筑的解释及其评价》①一文中提出,普列汉诺夫在其 1907 年的著作《马克思主义的基本问题》中,虽对经济基础和上层建筑的关系有所涉及,但还不够集中和突出,仍然沿用了马克思主义中存在决定意识的观点,而对经济基础决定上层建筑原理的研究还不够深入。可以看出,他关注的重心是观念的上层建筑。

列宁在论及上层建筑与经济基础的关系时,指出生产关系在生产力发展的初期,在一定时期内,它是促进生产力进一步发展的,但是随着生产力的进一步发展,然后生产关系成为生产力发展的阻碍因素。通过比较不难发现,相较于普列汉诺夫的阐述,列宁对上层建筑理论的解释更加清晰、明确。

很明显,普列汉诺夫对上层建筑的内涵认识不够深刻,还没有意识到上层建筑含义的转移与变化,仍停留在马克思前期著作的认知水平上。

3. 关于普列汉诺夫美学理论的研究

普列汉诺夫在《论艺术（没有地址的信）》《唯物论的历史观》

---

① 胡为雄:《普列汉诺夫对上层建筑的解释及其评价》,《湖北经济学院学报》2011 年第 6 期。

《艺术与社会生活》《从社会学观点论十八世纪法国戏剧文学和法国绘画》等著作中都有关于美学的论述。

（1）关于普列汉诺夫美学内涵的研究

陈辽在《论普列汉诺夫对马克思主义美学思想的发展》①一文中指出，在"美是什么"这一根本问题上，普列汉诺夫独立地进行了研究。他以马克思主义的美学思想对车尔尼雪夫斯基美学遗产进行了批判性继承，作出了既是马克思主义的又体现了自身贡献的独特回答。傅树声认为俄文注释曲解了普列汉诺夫关于模仿、对称、矛盾等审美规律的论述，没有反映出原著的观点和倾向，混淆了普列汉诺夫的历史唯物主义美学思想与达尔文生物学唯物主义或泰纳的历史唯心主义的是非界限，抹煞了他著作中的马克思主义批判精神。②

（2）关于普列汉诺夫美学思想的评价

陈辽在《论普列汉诺夫对马克思主义美学思想的发展》③中提出，普列汉诺夫的美学思想以马克思主义的美学思想为指引，批判地继承了俄国革命民主主义者车尔尼雪夫斯基、别林斯基等人的美学思想，既是马克思主义的，又具有独创性。对人的审美感觉和审美趣味从何而来这一马克思恩格斯未曾深入涉及的问题，普列汉诺夫则作了深入研究，发展了马克思主义美学思想，是当时马

①　陈辽：《论普列汉诺夫对马克思主义美学思想的发展》，《齐鲁学刊》1986年第2期。

②　傅树声：《评俄文原版〈没有地址的信〉的一条注释——兼论普列汉诺夫美学思想的基本观点》，《社会科学战线》1986年第2期。

③　陈辽：《论普列汉诺夫对马克思主义美学思想的发展》，《齐鲁学刊》1986年第2期。

克思主义美学最高水平当之无愧的代表性人物。

黄海澄在《从现代科学方法论看普列汉诺夫美学思想之心得》①一文中提出，应该从现代科学方法论的角度认识普列汉诺夫美学思想，并认为用这种方法来进行研究，必定能够得出一些新结论。

4. 关于普列汉诺夫文艺理论的研究

文艺理论是普列汉诺夫文化理论的重要组成部分，学界的研究主要集中在普列汉诺夫与现代中国文艺理论，普列汉诺夫对鲁迅、瞿秋白等的影响，对于艺术起源说的评价、对文艺理论的评价、与托尔斯泰、卢卡奇艺术观的比较等方面。

（1）普列汉诺夫与现代中国文艺理论

彭丽鸿在《普列汉诺夫与中国现代文艺思潮——艺术起源说及其影响》②一文中认为，普列汉诺夫文艺思想对文艺的阶级性与社会功利性进行了深刻阐述，中国现当代文学理论的建构和发展受到了这种社会政治功利性观点的深入影响，并将其转化成为中国现代文学理论里的重要组成部分。

代迅在《不应遗忘的文艺思想史：普列汉诺夫与现代中国》③一文中指出，在 20 世纪二三十年代，中国革命文学运动尚处于起步阶段，苏俄文艺思想与作家作品起到了不可替代的示范引导作

---

① 黄海澄：《从现代科学方法论看列汉诺夫美学思想之心得》，《学术论坛》1986 年第 4 期。

② 彭丽鸿：《普列汉诺夫与中国现代文艺思潮——艺术起源说及其影响》，《涪陵师范学院学报》2006 年第 2 期。

③ 代迅：《不应遗忘的文艺思想史：普列汉诺夫与现代中国》，《学习与探索》2006 年第 3 期。

用。鲁迅、冯雪峰、瞿秋白、胡秋原等人都曾译介过普氏著作。对于 20 世纪的中国而言,普列汉诺夫的文艺思想产生了深刻而广泛的影响,并成为当时中国左翼文学运动最重要的思想理论来源之一。

(2)普列汉诺夫文艺理论对鲁迅、瞿秋白等影响

樊篱在《鲁迅与普列汉诺夫的艺术论》①一文中指出,鲁迅高度评价了普列汉诺夫的艺术理论,并亲自翻译了他的《艺术论》,《车尔尼雪夫斯基的文学观》《论文集(二十年间)第三版序》等具有代表意义的著作。1927 年以后,鲁迅实现了由进化论、个性论向马克思主义辩证唯物论和历史唯物论的转变,其中,普氏的艺术理论产生了重要影响。

胡明在《经典的流播与纠察——瞿秋白译介普列汉诺夫文艺理论的历史是非》②一文中认为,瞿秋白在中国马克思主义文艺理论传播史上虽是权威性最强的先驱之一,但其对普列汉诺夫文艺理论的历史评估却存在误区,其评价中批判性意见占主导,这是由其政治立场所决定的。

(3)对于艺术起源说的评价

普列汉诺夫提出了文艺起源于生产活动,首次用马克思主义劳动观点来对艺术起源进行阐述,这被文艺理论界公认为是普列汉诺夫在马克思主义文艺理论发展史上的重要贡献之一。朱梁在

---

① 樊篱:《鲁迅与普列汉诺夫的艺术论》,《长沙水电师院学报(社会科学版)》1987 年第 1 期。

② 胡明:《经典的流播与纠察——瞿秋白译介普列汉诺夫文艺理论的历史是非》,《陕西师范大学学报》2008 年第 1 期。

《普列汉诺夫论原始民族的艺术》中,认为普列汉诺失对艺术起源于劳动原理进行了深刻阐述。

高玉在《普列汉诺夫艺术起源"劳动说"检讨》①一文中认为:普列汉诺夫并没有提出艺术起源劳动说,他只是强调劳动对艺术的作用特别是对原始艺术的作用。他的具体结论是"劳动先于游戏""劳动目的先于审美目的""劳动先于艺术"。普列汉诺夫的"劳动"概念非常宽泛。长期以来,学界对普列汉诺夫的"劳动说"有很多误解,文章对此进行了详细的检讨并初步提出疑问。

李家骧在《普列汉诺夫文艺起源于劳动说批判》②一文中指出:劳动说一如此前的文艺起源论,并无特别,基本是偏颇谬误的。普列汉诺夫之说取材全以西方视野,只字未提东方的资料,根本是地道的西方中心文化论。即以我国诸多古籍对文艺起源的叙论就可驳斥其说。其说的种种主要理由诸如引劳动创造了人本身之说、出土文物之事、鲁迅之语等都不足为据。它看不到艺术是主客体的融合统一,只见文艺起源的外因而不见内因,是机械反映论。按理而论,文艺起源只能出自多种社会实践,而绝非单纯的缘由,它是一个运动变化的渐变过程。

彭丽鸿在《普列汉诺夫与中国现代文艺思潮——艺术起源说及其影响》③一文中提出:普列汉诺夫根据马克思主义的历史唯物

---

① 高玉:《普列汉诺夫艺术起源"劳动说"检讨》,《湖北三峡学院学报》1999 年第 3 期。

② 李家骧:《普列汉诺夫文艺起源于劳动说批判》,《台州学院学报》2005 年第 1 期。

③ 彭丽鸿:《普列汉诺夫与中国现代文艺思潮——艺术起源说及其影响》,《涪陵师范学院学报》2006 年第 2 期。

主义原理提出了自己的艺术起源学说,是对马克思主义文艺理论的重要贡献。这个理论成就主要体现在以《没有地址的信》为题的系列文章里。

(4)对文艺理论的评价

阚小琴在《矛盾的启示——普列汉诺夫政治立场和文艺批评关系简析》①中提出:20世纪初,普列汉诺夫在政治立场多变的情况下,写出了数量可观、影响深远的文艺批评作品。这说明,相对政治立场而言,文艺思想的发展更为稳定。

赵宪章在《浅谈普列汉诺夫的文艺社会学理论》②一文中认为,普列汉诺夫对文艺社会学的贡献主要体现在三方面:其一,把"艺术是一种社会现象"作为自己文艺社会学理论的出发点;其二,把社会心理作为研究文艺现象的切入点;其三,坚持把历史唯物主义的基本观点运用到了对文艺现象的研究中。

宋应离在《论普列汉诺夫的文艺真实观》③中提出,普列汉诺夫是俄国用文化理论研究艺术的第一人。他在文艺理论研究中,继承了前人已有理论成果,突出强调了文艺真实性,并把对现实进行真实的描写当作伟大作家的重要职责之一。

高翔在《普列汉诺夫的文艺生态观》④一文中指出:马克思唯

---

① 　阚小琴:《矛盾的启示——普列汉诺夫政治立场和文艺批评关系简析》,《广播电视大学学报(哲学社会科学版)》2002年第4期。
② 　赵宪章:《浅谈普列汉诺夫的文艺社会学理论》,《社会学研究》1986年第2期。
③ 　宋应离:《论普列汉诺夫的文艺真实观》,《许昌师专学报(社会科学版)》1986年第1期。
④ 　高翔:《普列汉诺夫的文艺生态观》,《人文杂志》2006年第5期。

物史观是普列汉诺夫的文艺思想的理论基础。他的"中间环级"说显示了艺术生产的外在流程,形成了富有生命力的艺术链。它作为"一个极其复杂的力量体系",在文艺与经济间发挥着不同的作用。

(5)与托尔斯泰、卢卡奇艺术观的比较

阎建国在《普列汉诺夫与托尔斯泰艺术观探析》[①]一文中着重分析了普列汉诺夫与托尔斯泰在艺术观点上的区别。一方面认为普列汉诺夫的观点极易造成对艺术理解的偏差;另一方面主张对托尔斯泰的观点作更广义的理解,即托尔斯泰所谓"感情",包括喜怒哀乐等心理感情,但又不局限于此,我们还要注重从其中发现"诗性"。托氏主张用感情感染人,而普氏则坚持用思想教育人。

黄力之在《艺术本质论:发展马克思主义文艺学的不同尝试——普列汉诺夫和卢卡契的比较研究》[②]一文中指出,普列汉诺夫关注精神、意识的现象本质,得出了艺术是由社会生活所决定的结论。卢卡奇则认为艺术是人的自我意识审美对象化的结论。在艺术本质论上,普列汉诺夫与卢卡奇对马克思主义文艺学的发展都作出了贡献,而且两者的理论具有互补性。

5. 关于普列汉诺夫宗教理论的研究

普列汉诺夫在其理论研究中始终关注宗教问题,仅《普列汉

---

① 阎建国:《普列汉诺夫与托尔斯泰艺术观探析》,《北京科技大学学报(社会科学版)》2001年第1期。

② 黄力之:《艺术本质论:发展马克思主义文艺学的不同尝试——普列汉诺夫和卢卡契的比较研究》,《文艺理论与批评》1991年第4期。

诺夫哲学著作选集》中就有 18(篇)本与之相关。但是众所周知，以 1903 年 11 月 7 日在《火星报》第 52 号上发表《不该这么办》为标志，普列汉诺夫开始滑向机会主义，1914 年第一次世界大战爆发后，他甚至成了"社会沙文主义者的典型代表人物"①。而上述 18 本著作中，著述于 1903 年以前的 6 本(篇)，以后的有 12 本(篇)，并且基本观点在其 1903 年以前已阐述清楚，但系统论述却是在 1903 年以后。

（1）关于宗教的定义

普列汉诺夫在《论俄国的所谓宗教探寻》(1909 年著)一书中对宗教进行了定义，他认为宗教是一个严整的体系，它包括观念、情绪和活动三个部分。观念就是对于宗教神话的认识，情绪就是对于宗教感情的认识，而活动则是宗教礼拜活动，主要就是宗教仪式。② 此定义受到了受到学界普遍认可。

（2）关于"造神论"与"寻神论"的看法

普列汉诺夫对"造神论"与"寻神论"提出了自己的看法，他认为对这两种宗教现象必须进行批判。学者们非常重视普列汉诺夫的批评研究。对此，李清崑主要探究了普列汉诺夫对于"造神论"与"寻神论"批判的思想来源、实践来源和反动作用三方面。高放、高敬增的归纳与叙述与李清崑的论点基本一致，此不赘述。王荫庭与石衍丰、王安林的研究则另具新意，他们更加重视研究普列汉诺夫对宗教基本特征以及心理根源的论述。

① 蔡仲德:《中国音乐美学史》，人民音乐出版社 2003 年版。
② 《普列汉诺夫哲学著作选集》第 3 卷，生活·读书·新知三联书店 1962 年版，第 363 页。

（3）关于宗教观念的起源与发展

普列汉诺夫对于宗教观念的探讨引起了学者们的重视。王荫庭与李清崑对此进行了充分阐述，他们都认为普氏的宗教研究基础在于社会物质生活条件最终决定着宗教观念，只是王荫庭的论证更侧重于体现普氏的宗教研究是如何遵循与体现历史唯物主义思想的，而李清崑则着重阐述了宗教历史变迁。

（4）关于宗教与科学、哲学、道德的关系

在王荫庭看来，普列汉诺夫对于宗教与科学关系的看法是正确的，二者就是对立的，但是文明进步并没有带来宗教萎缩，反而是宗教仍在不断扩展影响范围呢？对此，普列汉诺夫分析指出，这是因为社会科学发展比较缓慢，宗教正好利用了这一可乘之机，得到了进一步发展；统治阶级为维护自身的利益，阻碍社会科学的发展和对于宗教的批判。① 石衍丰、王安林的结论是：一是自然科学长期发展缓慢，人们的世界观仍未突破万物有灵论，习惯了用神来解释复杂社会生活中的新现象；二是宗教实现了与道德的结合。②

在普列汉诺夫关于法国唯物主义者的宗教批判的研究方面，李清崑、王荫庭都进行了探讨。在普列汉诺夫看来，法国唯物主义者的宗教批判对于历史哲学的发展具有重要意义，但是对于宗教的科学研究却并没有起到应有的促进作用。黑格尔辩证方法促进了宗教哲学的进步，使宗教成了哲学的研究对象。而黑格尔的学

---

① 王荫庭：《普列汉诺夫哲学新论》，北京出版社 1988 年版，第 671—672 页。

② 石衍丰、王安林：《列宁和普列汉诺夫宗教观的历史特征》，载《宗教的理论·历史·现实》，四川大学出版社 1996 年版，第 172 页。

生大卫·施特劳斯则科学论述了宗教产生的基础是神话,神话来源于一个民族或者宗教团体的共同思想意识。费尔巴哈在《基督教的本质》中指出,"宗教是人的无意识的自我意识",此观点为把宗教作为社会发展产物的论断提供了理论基础,但其批判仍不够彻底,未能摆脱唯心主义的范畴。马克思恩格斯的宗教批判虽然来源于费尔巴哈的宗教批判,但他们发现的唯物史观却超越了费尔巴哈的历史观,并做出了"非宗教的"结论。①

（5）关于普列汉诺夫与列宁宗教思想的比较研究

石衍丰、王安林两人对于普列汉诺夫与列宁的宗教思想进行对比研究,通过比较,认为列宁的宗教研究善于运用辩证法解决宗教政策的制定等实际问题,普列汉诺夫则更注重宗教理论方面的研究,具有明显的学究主义倾向。② 王荫庭则对普列汉诺夫和列宁的宗教思想进行了深入比较。王荫庭认为,由于普列汉诺夫脱离俄国革命实践,在对造神说的批判上,与列宁相比,其批判性、战斗性、现实性等方面就逊色很多,但是应该看到,尽管两人的宗教批判存在不同,但也存在很多相同的地方。③ 从社会主义和宗教的关系来看,王荫庭认为由于普列汉诺夫住在欧洲,远离俄国革命斗争的实践,因此,不可能运用唯物辩证法制定符合俄国实际的宗教政策,与列宁相比,普列汉诺夫更像是一位典型的学理主义者。

---

① 王荫庭:《普列汉诺夫哲学新论》,北京出版社 1988 年版,第 675—676 页。

② 石衍丰、王安林:《列宁和普列汉诺夫宗教观的历史特征》,载《宗教的理论·历史·现实》,四川大学出版社 1996 年版,第 156 页。

③ 王荫庭:《普列汉诺夫哲学新论》,北京出版社 1988 年版,第 684—685 页。

6. 关于普列汉诺夫伦理道德理论的研究

对于伦理道德的研究也是普列汉诺夫文化理论研究的一个组成部分,但是,目前为止,相关成果还不是很多。

(1)关于伦理理论

万俊人在《普列汉诺夫伦理思想初探》①一文中指出:普列汉诺夫以历史唯物主义观点,对近代旧唯物主义的伦理思想进行了深刻批判,对马克思主义伦理学的基本原则和核心内容进行了系统阐述,体现了完整的科学性与鲜明的党性特征。这与普列汉诺夫当时所处的社会历史条件密不可分,他不仅能够研究大量的马克思主义著作,流亡欧洲的经历使他能够更深入地了解和研究西方社会思想理论。当然,普列汉诺夫的伦理思想也有其自身历史局限性。尽管理论论证深刻,但实践性却明显欠缺。

(2)关于道德理论

陈勇在《略论普列汉诺夫关于道德与利益的学说》②一文中对于普列汉诺夫的道德和利益的学说进行了分析,指出这是对道德进行思考的成果,具有重要的理论价值和现实意义,是对马克思主义伦理学发展的贡献。首先,该学说指出并阐明了利益是道德之基础的观点,科学解决了道德和利益的关系问题;其次,该学说首次提出了道德的基本概念,阐明了道德行为与道德调节之间的关系。最后,该学说辩证分析了道德内部的矛盾运动。但是,作者

① 万俊人:《普列汉诺夫伦理思想初探》,《道德与文明》1987 年第 1 期。

② 陈勇:《略论普列汉诺夫关于道德与利益的学说》,《广西民族学院学报(哲学社会科学版)》1989 年第 2 期。

认为普列汉诺夫关于道德的理论也存在着一定的不足。

沈玉龙在《个人利他与社会利己——论普列汉诺夫的伦理思想》①一文中指出,普列汉诺夫的道德学说是以唯物史观的生产力决定生产关系、经济基础决定上层建筑作为理论基础的,他认为道德是一种意识形态现象,它是由经济基础决定的。普列汉诺夫的伦理学说,把利他与自我牺牲归结为道德的特点。因此,普列汉诺夫的伦理学说存在着三大不足:其一,未能解决好个人利益与社会利益的辩证关系,否认个人利益的客观存在。其二,片面地把道德与自我牺牲、利他主义等同了起来。其三,未能把人当作目的进行肯定,仅仅是把人当作工具来加以认识。

综上所述,以往学术界对于普列汉诺夫文化理论研究主要是针对有关文化理论的社会心理、意识形态、宗教、艺术、道德等具体领域,缺乏对于普列汉诺夫文化理论整体的、宏观的、系统的研究。本书就是试图对于普列汉诺夫文化理论进行整体研究。

四、研究的方法

本书的研究坚持以马克思主义的世界观及方法论作为指导,具体采用了以下方法:

1. 文献研读的方法。文献解读法是指在收集、甄别、梳理文献的基础之上加以研究,从而形成对事实的正确认知的方法。普列汉诺夫文化理论散落于他的著作中。也就是说,普列汉诺夫的著

---

① 沈玉龙:《个人利他与社会利己——论普列汉诺夫的伦理思想》,《哈尔滨师专学报》1996 年第 2 期。

作是研究普列汉诺夫文化理论的主要来源,只有研读他的原始著作,才能正确认识普列汉诺夫文化理论。当然,学术界已有有关普列汉诺夫思想的研究也是研究普列汉诺夫文化理论的重要来源。

2. 逻辑与历史相统一的方法。这一方法是辩证思维的重要运用与体现。历史的方法是具体描写研究对象的历史发展进程并揭示发展规律的方法,逻辑的方法则通过理论形式的有序运动来论述理论发展内在规律的方法。只有坚持上述两者的辩证统一,才能从整体上把握研究对象的本质和发展规律。以此研究普列汉诺夫文化理论的具体体现是把普列汉诺夫置于他所处的特定的历史条件中去考察,而且注意考察他的文化理论的历史轨迹。

3. 系统分析的方法。系统分析的方法是理论研究的重要方法,这一方法就是把普列汉诺夫文化理论看作一个有机联系的整体,整体是由部分组成的,研究各个组成部分及其各部分之间的内在联系是研究整体的基础。因此,只有采用系统分析的方法,才有可能描绘出普列汉诺夫文化理论完整的理论图景。

4.学术梳理法。学术梳理法是进行学术研究需要用到的基本方法之一。学术研究必须查阅相关资料,掌握当前研究状况。这样既能够避免重复劳动,又能借助前人的研究成果进行更深入的探讨。同时,还能够发现所要进行的研究是否具备学术空间。

五、创新之处

普列汉诺夫并没有明确完整地提出文化的概念,但是他的著作中含有丰富的文化理论,这为后来学者对其文化理论的研究提供了丰富的资料,但是,目前,学界对其文化理论的研究主要集中在具体文化方面,主要包括社会心理理论、意识形态理论、艺术理论和宗教理论等方面,缺乏对普列汉诺夫关于文化理论的整体的、系统的研究。在总结借鉴已有研究成果的基础上,笔者尝试对普列汉诺夫文化理论进行整体和系统的研究,其创新之处在于:

1.运用发生学和历史主义的方法对普列汉诺夫文化理论进行动态的分析,注重从主客体之间相互作用的过程进行研究,具体地探讨普列汉诺夫文化理论的发生机制以及形成发展的历史轨迹。对普列汉诺夫文化理论发展阶段进行全面考察,并对每个阶段的理论贡献和阶段特征进行自己的有新意的概括和探讨,具体来讲,笔者把普列汉诺夫文化理论发展划分为三个阶段:逐步形成期、发展成熟期、进一步发展期。

2.运用系统论的观点,坚持主观和客观相统一的原则,立足整体,统观全局,全面、系统、具体、深入地阐述普列汉诺夫文化理论的基本内容,重点厘清普列汉诺夫一般文化的内涵、形成发展、特征、结构、地位、功能等。此外,还有阐释普列汉诺夫文化理论的主要特点。

3.运用逻辑与历史相统一的方法,坚持实事求是的原则,对普列汉诺夫文化理论的历史地位和现实意义做出客观的评价。

第一章　普列汉诺夫文化理论
形成的条件

　　运用发生学的方法探讨普列汉诺夫文化理论的发生机制,我们可以看出普列汉诺夫文化理论的形成是客观条件和主观条件共同发生作用的产物。普列汉诺夫文化理论的形成离不开当时的客观条件,这其中很重要的一点就是离不开当时的社会历史条件,任何一种理论的形成都有其历史性,都有其得以产生的社会历史条件,通过总结经验、完善发展,最终成为具有指导价值和作用的成熟理论,普列汉诺夫文化理论的形成也是如此;普列汉诺夫文化理论的形成也有其理论渊源,其形成也离不开当时的思想理论成果。普列汉诺夫文化理论的形成更离不开其主观条件,也就是说,普列汉诺夫本人所具备的主体素质是其文化理论形成的重要条件。

第一节　普列汉诺夫文化理论
形成的客观条件

任何理论的形成都离不开当时的社会历史条件,也都有其思想理论渊源。当时社会存在的巨大变革对于普列汉诺夫文化理论的形成具有直接性的、决定性的作用;而当时的思想理论成果则对于普列汉诺夫文化理论的形成起到了直接的促进作用。

一、普列汉诺夫文化理论形成的社会历史条件

马克思曾经说:"每个原理都有其出现的世纪"①,"原理的运用应当与当时的历史条件相结合"②。普列汉诺夫的文化理论也是在当时社会历史条件的影响下形成与发展起来的。具体来讲,以下四个方面构成了普列汉诺夫文化理论的时代背景。

1. 资本主义发展的影响。普列汉诺夫文化理论的形成离不开当时世界资本主义迅速发展和俄国资本主义性质改革的客观影响。从 18 世纪 60 年代开始的第一次工业革命促进了世界资本主义的发展。第一次工业革命的起源地是英国,以蒸汽机的发明和广泛应用作为标志,从此开启了机器工业代替手工业时代。机器的广泛应用促进了社会生产力的迅速发展,为新兴资本主义的发

---

① 《马克思恩格斯选集》第 1 卷,人民出版社 1995 年版,第 146 页。
② 《马克思恩格斯选集》第 1 卷,人民出版社 1995 年版,第 248 页。

展奠定了物质基础,从而促进了资产阶级革命的迅速发展,加速了封建社会的灭亡和资本主义的胜利。这正是普列汉诺夫文化理论形成的世界历史背景。

而此时的俄国还是一个黑暗腐朽的国家,处在沙皇封建农奴制的统治之下,对内进行残酷压迫,对外实行侵略以扩张领土。当时沙皇政府实施对外侵略扩张、穷兵黩武、霸占土地、谋取世界霸权,发动了对土耳其的侵略战争,爆发了国际历史上著名的"克里米亚战争"①,但是俄国在战争中遭到惨败。这次战争充分暴露了俄国的落后,此时的俄国将领甚至都没有一幅详细的军事地图;英法的大炮射程是俄国的两倍;英法的军舰用的是蒸汽发动机,而俄国的是挂风帆的;英法架设铁路来运输军队和物品,而俄国还是用马车。落后使沙皇俄国在战争中遭到惨败。此时的国内,由于沙皇的残酷统治,农民起义不断发生。沙皇的残酷剥削和压迫,使得广大农民在农奴制度下,没有人身自由,甚至禁止结婚,地主可以随意买卖或者交换、虐待和杀害。内外的交困导致矛盾重重,当时的俄国到处充斥着对沙皇专制的不满,农民纷纷揭竿起义,1858年发生86次,1859年增到90次,1860年增到108次②。

一方面,由于世界资本主义发展的客观影响;另一方面,由于俄国国内生产力落后和农民起义接连不断发生,这些内外因素交织在一起迫使俄国沙皇进行了划时代的改革,这就是俄国著名的

---

① 高放、高敬增:《普列汉诺夫评传》,中国人民大学出版社 1985 年版,第 1 页。

② 高放、高敬增:《普列汉诺夫评传》,中国人民大学出版社 1985 年版,第 3 页。

1861 年改革。通过这次资本主义性质的改革,俄国废除了农奴制,促进了俄国资本主义的迅速发展。

列宁在《俄国资本主义的发展》一文中,明确指出了俄国资本主义发展的重要意义。他认为重工业、机器制造业和采矿业在俄国的蓬勃发展是俄国生产力的进步,有利于俄国资本主义的发展。在文中,列宁具体指出:"仅在 1866 年至 1879 年这一时期内,大工厂的数量就增加 32%,机械化的作坊数则增加 78%,出现了新的社会阶级,雇佣工人阶级—现代无产阶级。"① 还指出资本主义在城市和农村迅速发展,列宁写道:"自从农民解放以来,人民群众的生活条件经历了一个完全的转变:大工厂起来代替了小工匠的作坊,而且这些工厂的数量以惊人的速度增长起来,它们排挤了小生产主……人口中不断增加的一部分成为完全脱离了乡村和农业,聚集在城市工厂和工业的乡村和市镇里,在那儿形成一个一无所有的阶级,一个只有靠出卖劳动力为生的无产者的阶级。"② 由于工作状况非常艰苦,工作时间非常长,工人的罢工频繁发生,罢工次数越来越多。农民的状况也不好。1861 年的改革并不彻底,这使农民遭到了农奴制的和资本的双重压迫。普列汉诺夫认为 1861 年改革使俄国走上了资本主义道路,俄国资本主义发展的表现就是自然经济形态在受到了强烈的冲击后,最终导致了俄国农村公社的瓦解,农村公社中的破产农民被迫以出卖劳动力维持生计,自然就成了农村中的无产阶级;那些越来越富有的富农阶层,

---

①　《列宁全集》第 3 卷,人民出版社 2013 年版,第 480 页。
②　《列宁全集》第 2 卷,人民出版社 2013 年版,第 73 页。

逐渐成了土地经营者,有的还成了商人、高利贷者,甚至是大工厂主,村社中的资产阶级就这样形成了。不难预见,俄国农村公社的解体已不可避免。1882 年,马克思和恩格斯就曾分析了 1861 年改革后的俄国形势,指出革命危机正在俄国增长着,在《共产党宣言》俄文版的序言中他们就着重指出:"俄国已是欧洲革命运动的先进部队了。"①由此可见,马克思和恩格斯很关心俄国的革命形势的发展。

普列汉诺夫出生于 1856 年,此时,世界资本主义迅速发展,俄国资本主义也有了一定的发展,此时的俄国社会所面临的主要任务就是推翻沙皇专制、促进资本主义的发展,这也就是普列汉诺夫出生前后俄国所面临的时代主题。

2. 工人运动发展的影响。理论来源于实践,普列汉诺夫文化理论的形成则离不开当时的工人运动的发展。由于工业革命的发生直接促进了当时社会生产力的迅速发展,从而也促进了阶级关系的变化,形成了无产阶级和资产阶级两大对立阶级,无产阶级开始作为资本主义掘墓人正式登上了历史政治舞台。特别是在 19 世纪三四十年代,法国里昂工人起义、英国宪章运动、德国西里西亚工人起义相继爆发。欧洲三大工人运动的爆发,直接促使无产阶级登上了历史舞台。此时,马克思恩格斯所创造的马克思主义理论也诞生了。由于马克思主义理论的指导,工人阶级的觉悟不断提高,工人积极的组织程度也不断提高。特别是由于 1864 年第

---

① 《马克思恩格斯选集》第 1 卷,人民出版社 1995 年版,第 230—231 页。

一国际的成立和1871年巴黎公社革命的影响,工人运动发展更加迅速。在19世纪60年代德国工人联合会、德意志工人协会等工人组织的成立促进了工人运动的进一步发展。在1869年8月,在马克思主义理论指导下成立的第一个无产阶级政党即德国社会民主工党。德国社会主义民主党创办了《社会民主党报》宣传马克思主义理论,从而促使德国工人运动走向了高潮。在法国,1871年,法国无产阶级建立了人类历史上第一个工人阶级的政权——巴黎公社。巴黎公社虽然只存在几十天,但它使国际无产阶级和劳动人民看到了自己争取解放的光辉前景。1880年,普列汉诺夫逃亡到了西欧,此时正是西欧社会主义运动的高潮期。普列汉诺夫深受感染,他多次参加革命运动,并积极与西欧社会民主党交流,还及时取得了与恩格斯的联系,这些有助于他进一步深化理解马克思主义理论,从而以这个理论作为指导思考俄国革命的发展前途,从而促进了普列汉诺夫文化理论的形成。

俄国工人革命运动在此时也如火如荼地开展起来。1870年5月,俄国爆发了第一次彼得堡工人罢工,随后,工人罢工次数越来越多,直到1875年,工人成立了第一个自己的革命组织,也就是南俄工人协会成立。1876年,俄国"北方革命民粹派小组"成立,普列汉诺夫就负责组织工人进行集会示威活动。他在工人中间散发传单、发表演说进行宣传发动。在普列汉诺夫的组织发动下,1876年12月18日清晨,很多工人在彼得堡喀山大教堂前的广场上集会示威,这是彼得堡工人举行的首次游行示威,普列汉诺夫的成功组织推动了俄国工人阶级参与政治斗争。

虽然此时的普列汉诺夫还是一位民粹主义者,但是,俄国工人阶级运动的发展则促使他思考工人阶级的前途和命运。他积极参与到工人运动实践中来,教授工人阶级文化知识,对工人阶级进行革命宣传,这些实践活动直接促进了普列汉诺夫从民粹主义到马克思主义的转变。

3. 俄国农村公社的解体和民粹主义瓦解的影响。俄国农村公社的逐步解体和民粹主义的实践活动宣告破产并走向分化,这进一步促进了普列汉诺夫文化理论的形成。俄国民粹主义产生的根本原因在于农民阶级对于沙皇农奴统治的反抗,对于资本主义道路的不认同,实质就是一种小资产阶级的农民社会主义。列宁把它称为"是有关俄国可能发生非资本主义发展的学说"。① 民粹派认为,俄国应走"非资本主义道路",并把农民公社当作"俄国社会主义组织的始基",②可以绕过资本主义直接过渡到社会主义。民粹主义在登上历史政治舞台之初,是以革命派别的形象出现的,一批优秀的平民知识分子革命家如别林斯基、车尔尼雪夫斯基等人,他们努力宣传革命民主主义思想,引导人民推翻沙皇专制统治。一方面,革命民粹派分子进行理论引导;另一方面,在实践中,民粹派组织大批青年大学生为主的小资产阶级知识分子进行革命宣传。民粹派自认为是"精粹"分子,认为农民是革命的主体力量。

随着资本主义的发展,俄国农村公社逐步走向消亡。然而民

---

① 以赛亚·伯林:《俄国思想家》,彭淮栋译,译林出版社 2011 年版,第 247 页。

② 《普列汉诺夫哲学著作选集》第 1 卷,生活·读书·新知三联书店 1959 年版,第 140 页。

粹派却没有看到农村公社走向消亡的这一历史趋势,仍然坚持
"到民间去"的革命活动,但是,处处碰壁。正是在这一历史时期,
普列汉诺夫加入到民粹派小组,成为了一名民粹派积极分子,深入
农村宣传,积极发动农民进行革命。① 但是,由于沙皇政府的残酷
镇压,民粹派的理想走向破灭。

由于沙皇政府的残酷镇压,"到民间去"革命活动的不断失
败,导致民粹派分裂为"政治派"和"农村派"。"政治派"由于革
命不断失败,放弃了农民革命,改变策略,走向了恐怖暗杀的道路;
"农村派"以普列汉诺夫为代表,继续坚持发动农民革命,反对恐
怖暗杀。但是,这时民粹分子的主要力量是"政治派"。

1879 年,民粹派正式分裂为"民意党"和"土地平分社"。"民
意党"坚持恐怖暗杀策略,"土地平分社"继续坚持革命民粹派道
路。1881 年,沙皇亚历山大二世遭到"民意党"人暗杀,由此导致
亚历山大三世上台后残酷镇压革命活动。在普列汉诺夫看来:
"民意党人的炸药不仅杀死了亚历山大二世,而且也杀死了民粹
主义的理论。"②为了躲避沙皇的追捕,普列汉诺夫逃亡到了西欧。
这也由此促进了普列汉诺夫思想的转变,在 1883 年,普列汉诺夫
由一名民粹主义者转变为马克思主义者。

因此,俄国资本主义的发展促进了农村公社的解体和民粹主
义的瓦解,这促使普列汉诺夫进一步思考俄国发展的道路问题,由

---

① 米·约夫楚克、伊·库尔巴托娃著:《普列汉诺夫传》,宋洪训译,
生活·读书·新知三联书店 1980 年版,第 17 页。

② 福米娜:《普列汉诺夫传》,汝信译,生活·读书·新知三联书店
1975 年版,第 31 页。

此也促进了普列汉诺夫文化理论的形成。

4. 批判第二国际时期的各种反马克思主义思潮的需要。19世纪末,马克思的唯物史观受到了普遍歪曲和攻击,这也正是普列汉诺夫提出文化理论的深刻社会历史原因。首先,资产阶级思想家对马克思主义哲学进行着猖狂的进攻,把斗争的焦点对准了唯物史观,对其进行任意歪曲与全部否定,把所谓"经济唯物主义"的观点强加给唯物史观,并用种族主义、因素论、地理论等各种反科学的理论来替代唯物史观。其次,马克思主义阵营内部的"左"、右倾机会主义严重,他们有的否定唯物史观,有的对唯物史观进行机械的教条式运用。以伯恩施坦为代表的修正主义分子,全盘接受了唯心主义、庸俗进化论及批判历史唯物主义,并以"发展马克思主义、反对教条主义"为幌子,企图以新康德主义、马赫主义等资产阶级唯心主义哲学的变种对马克思主义进行"修正"。也有一部分信奉唯物史观的人在实际中存在教条化、公式化的倾向,以为只要贴上唯物史观名词术语的标签,便可以解决任何问题。德国社会民主党内的"青年派"政治上"左"倾冒进,哲学理论上奉行机械教条主义,对经济基础与上层建筑、文艺意识形态的辩证关系不能正确理解和运用,其代表人物保尔·恩斯特甚至把唯物史观歪曲为机械教条的经济决定论。对于此类现象,恩格斯在分别给布洛赫和康德拉·施密特写的信中指出,青年们过分重视经济方面,而忽视了别的作用因素,并批评了德国许多青年作家把"唯物主义的"这个词当作套语和标签贴的做法。这说明,当时把唯物史观当作"套语""标签"的现象已相当严重。

对于马克思主义理论面临的各种危机,普列汉诺夫积极应对,及时批判各种反马克思主义思潮,同时,促使他思考马克思主义遭受攻击的原因,思考马克思主义的进一步发展等问题。这些客观问题的存在,也因此促进了普列汉诺夫文化理论的形成。

二、普列汉诺夫文化理论形成的思想理论基础

恩格斯认为:"每一个时代的哲学作为分工的一个特定的领域,都具有由它的先驱者传给它而它便由此出发的特定思想资料作为理论前提。"①普列汉诺夫文化理论同样有它的思想理论渊源。

(一)俄国优秀传统文化的影响

俄国的优秀传统文化既取决于其特定的经济制度和生产方式,又取决于其社会历史发展条件、地理条件、地缘政治以及外部国际环境。俄国地域广阔、民族众多,其文化是域内各民族文化彼此影响彼此融合的产物,这也在很大程度上决定了俄罗斯民族的优秀性格和道德品质。这是俄国传统民族文化财富,也是普列汉诺夫文化理论的民族文化之源。

民族精神作为俄国传统文化的精华之一,也是普列汉诺夫文化理论的重要来源。俄罗斯民族精神在文字、绘画和文学等作品中得到了充分体现,不应该被忽视的是革命民主主义思想在俄国产生巨大的影响。普列汉诺夫文化理论的产生离不开俄罗斯民族精神的深刻影响。

---

① 《马克思恩格斯选集》第4卷,人民出版社2012年版,第501页。

在 19 世纪,俄国先进的知识分子积极探索俄国社会的发展道路,先后出现了贵族革命家、平民革命家和无产阶级革命家。1914年,在《俄国工人报刊的历史》中,列宁认为俄国近现代革命运动可以分为:"从 1825 年到 1861 年的贵族革命时期;从 1861 年到1895 年的平民知识分子革命时期;从 1895 年开始的无产阶级革命时期。"①1825 年 12 月,贵族革命家领导的武装起义,开创了俄国近代革命运动的历史。他们的组织被称为"十二月党",他们的政治主张就是推翻沙皇专制统治,建立共和制度。但是,由于他们的革命行动脱离了人民群众,又遭到沙皇政府的残酷镇压,革命失败了。但是,他们的革命行动对于平民知识分子如别林斯基、车尔尼雪夫斯基、杜勃罗留波夫、涅克拉索夫等人产生了重要的影响,平民知识分子积极倡导民主革命,引导人民推翻沙皇专制统治。同样是由于脱离人民群众和沙皇政府的镇压而失败了。可是,平民知识分子的革命行动对于民粹主义革命思潮的形成产生了重要的影响。民粹主义者倡导推翻沙皇专制统治,认为俄国不应走资本主义发展道路,应该以农村公社为基础直接建立村社社会主义。由于民粹派没有看清俄国资本主义经济已经有了很大发展这一历史事实,错误地认为俄国可以直接建立村社为基础的社会主义,所以他们的失败也是历史的必然。

普列汉诺夫就生长在俄国的这样一个历史转折期。俄国先进知识分子们的革命探索,激励着普列汉诺夫走上了民主革命的道路。这其中,对于普列汉诺夫思想形成产生了至关重要的影响的

---

① 《列宁全集》第 25 卷,人民出版社 2017 年版,第 98 页。

是俄国革命民主主义思想,特别是赫尔岑、别林斯基、车尔尼雪夫斯基、杜勃罗留波夫等人的思想。普列汉诺夫高度评价这些杰出的思想家们的贡献。在他看来,车尔尼雪夫斯基等就是他的精神导师,他认真地研究他们的思想。因此,普列汉诺夫的革命思想是在别林斯基、赫尔岑、车尔尼雪夫斯基和杜勃罗留波夫的革命民主主义思想影响下发展起来的。

俄国革命民主主义思想的作品鼓舞着年轻的普列汉诺夫,其中,别林斯基著作包含的丰富的民主主义思想、车尔尼雪夫斯基作品中的革命英雄主义精神、涅克拉索夫作品中对于劳动人民解放的期许,这些作品激发了普列汉诺夫的革命情绪。对于革命民主主义者车尔尼雪夫斯基的作品的影响,普列汉诺夫高度肯定地说:"我自己的思想发展是在车尔尼雪夫斯基的极大影响下完成的,分析他的观点成为我的文学生活中的一件大事。"①1863 年《现代人》杂志发表了车尔尼雪夫斯基最著名的长篇小说《怎么办?》,小说指出了革命者应当怎么办、应当怎样去为人民的利益和光明的未来斗争,揭示了一个人如果不为别人的幸福奋斗,他就不可能幸福的人生哲理。普列汉诺夫曾经说:"谁没有读过和反复读过这部著名的作品呢? 谁没有迷恋过它,在它的良好的影响下变得更纯洁、更好、更有朝气和更勇敢呢? 谁没有被主人公们的道德上的纯洁所感动呢? 在读了这部小说之后,谁不思考自己的生活、不对自己的志趣和倾向加以严格的检查呢? ……自从俄国有印刷机以

---

① 高放、高敬增:《普列汉诺夫评传》,中国人民大学出版社 1985 年版,第 14 页。

来直到如今,在俄国还没有一部印刷出来的作品取得像《怎么办?》那样的成功。"①普列汉诺夫在小说中学会了辩证法,小说中的思想也指引着他的革命行动。面对残酷的社会现实,由于革命民主主义思想的影响,普列汉诺夫选择走革命民主主义道路。但是,通过阅读马克思恩格斯的著作,普列汉诺夫又较早看到革命民主主义者思想和现实资本主义发展之间的矛盾性,从而顺应社会历史发展要求,接受了马克思主义理论。因此,俄国优秀传统文化特别是革命民主主义思想对于普列汉诺夫文化理论的形成产生了重要的影响。

(二)18 世纪启蒙学者和 19 世纪空想社会主义学者对于文化探索的影响

18 世纪启蒙学者和 19 世纪空想社会主义学者的文化探索是普列汉诺夫文化理论的形成的重要理论来源。普列汉诺夫文化理论是在他系统而深入地考察了唯物史观与以往历史观点的原则区别和思想联系的基础上,进一步思考的产物。在对 18 世纪法国唯物主义者、19 世纪空想社会主义者和黑格尔历史观作过系统的、科学的研究之后,普列汉诺夫认为:唯物史观是"人类思想史上绝无仅有的一次真正的革命",而且是一次"最伟大的革命"。②

18 世纪以爱尔维修为代表的法国唯物主义派,他们抨击封建专制主义,批判宗教神学和哲学唯心主义,这对于普列汉诺夫文化

① 《普列汉诺夫哲学著作选集》第 4 卷,生活·读书·新知三联书店1974 年版,第 131 页。

② 《普列汉诺夫哲学著作选集》第 2 卷,生活·读书·新知三联书店1961 年版,第 507 页。

理论的形成产生了重要的影响。18 世纪法国唯物主义派的主要观点是"人是环境的产物",这一观点注重研究人的观念的历史转变,其缺点就是缺乏研究社会环境的历史、社会关系的历史,更缺乏研究社会发展的客观规律。列宁评论认为:"十八世纪法国唯物主义在社会科学方面仍然是唯心主义观念,没有走上历史唯物主义道路。"①普列汉诺夫认为,在 18 世纪唯心主义影响广泛,就是自然唯物主义者在社会科学发展上也是完全的唯心主义历史观。② 之所以是唯心主义历史观,根本原因在于他们不理解辩证法。在普列汉诺夫看来,只有揭示了社会发展的客观规律,才能弄清楚社会发展的根本动因,就"应该发现那决定社会环境发展的因素,而 19 世纪社会科学的任务正就是发现这个因素"③。

　　19 世纪以圣西门为代表的空想社会主义,他们承认人类社会历史的发展的客观规律,认为社会科学应该像自然科学那样精确,并称之为"社会物理学"。普列汉诺夫高度评价圣西门们的观点,并认为他们的观点非常重要,即社会的法律制度、政治制度等是社会关系的产物,而社会关系又是由经济基础所决定的。在《论一元论历史观之发展》中,普列汉诺夫明确指出与同时代的其他思想家相比较,圣西门更注重研究社会内部发展的动力。④ 普列汉

---

　　① 《列宁全集》第 18 卷,人民出版社 2017 年版,第 251 页。
　　② 《普列汉诺夫哲学著作选集》第 3 卷,生活・读书・新知三联书店 1962 年版,第 581 页。
　　③ 《普列汉诺夫哲学著作选集》第 1 卷,生活・读书・新知三联书店 1961 年版,第 578 页。
　　④ 《普列汉诺夫哲学著作选集》第 1 卷,生活・读书・新知三联书店 1961 年版,第 597 页。

诺夫还非常肯定圣西门对于社会发展中的阶级斗争的重视,相较于 18 世纪法国唯物主义者,这一观点是进步的,是社会利益支配世界,不是思想,社会历史的发展是阶级的利益的对立引起的,他认为阶级斗争"为科学地说明社会现象作了准备"①。尤其是,认识到了人民群众在社会历史中的作用。恩格斯高度评价法国唯物主义者思想,认为"这在 1802 年是极为天才的发现"②。但是,他们的观点也存在着严重的缺陷,他们否认社会历史发展对于思想的客观决定作用,认为人类历史发展的最后动因是思想,认为感情和理智是社会发展的衡量标准,因此,在社会发展方面他们又是历史唯心主义者。对此,普列汉诺夫明确指出 19 世纪的空想社会主义:"没有坚定地站在历史的观点上的那种本领。"③

黑格尔哲学是德国唯心主义哲学的主要代表,是彻底的唯心主义一元论,但是,他的思想中的唯物主义因素和辩证法思想对于唯物史观的创立产生过重要的影响。黑格尔哲学最显著的特点就是在社会历史领域坚持辩证的观点,运用运动和发展的观点去考察一切社会现象。普列汉诺夫认为黑格尔给哲学、宗教、历史、美学、政治经济学、法权等研究以全新的面貌,而且这位"最大的唯心主义者似乎抱定目的要为唯物主义扫清道路"④,换言之,黑格

---

① 《普列汉诺夫哲学著作选集》第 3 卷,生活·读书·新知三联书店1962 年版,第 40 页。

② 《马克思恩格斯选集》第 3 卷,人民出版社 1995 年版,第 643 页。

③ 《普列汉诺夫哲学著作选集》第 4 卷,生活·读书·新知三联书店1974 年版,第 536 页。

④ 《普列汉诺夫哲学著作选集》第 1 卷,生活·读书·新知三联书店1962 年版,第 597 页。

尔哲学,包括他的历史哲学,是马克思在历史观中实现伟大变革的前夜。黑格尔的辩证法对唯物史观的产生其意义是深远的。普列汉诺夫指出,辩证的方法是最主要的科学工具,对历史作唯物主义的解释,应以辩证的思维方法为前提。① 但是,黑格尔毕竟是一个唯心主义的辩证论者,他认为历史是"绝对观念"的产物,并认为"绝对观念"就是存在于人的头脑之外和历史运动之外的某种客观的"理性",是人类思维过程的抽象,而"绝对观念"就是社会发展的根本原因。因此,黑格尔历史观的本质和核心就是认为思想的发展决定了人类社会历史的发展。

毫无疑问,黑格尔的"绝对观念"不能说明人类社会发展的规律。人类社会发展的历史规律不能从"绝对观念"中去寻找,必须从人的头脑之外,也就是从社会历史发展的矛盾运动中去寻找。所以,黑格尔的唯心主义不能揭示人类历史运动的根本原因,不能完成寻找人类社会发展规律的伟大任务,这一历史任务责无旁贷地落到了马克思身上。马克思曾经说:"我的辩证方法,从根本上说,不但与黑格尔的不同,而且和他的正好相反。在黑格尔,思维过程——他甚至以理念的名义把思维过程转化为一个独立——是现实界的创造主,现实界只是它的外表现象。在我,相反地,观念现象不过是被移置于人类头脑中改造过的物质现象而已。"② 所以,马克思从社会历史发展的矛盾出发,找到了人类历史发展规

---

① 《普列汉诺夫哲学著作选集》第 1 卷,生活·读书·新知三联书店1962 年版,第 494 页。
② 《普列汉诺夫哲学著作选集》第 2 卷,生活·读书·新知三联书店1961 年版,第 155—156 页。

律,找到了人类历史发展的根本原因,首创了科学的历史观——唯物主义历史观,为正确认识人类社会历史发展规律奠定了科学的理论基础。

（三）马克思、恩格斯文化理论的影响

马克思、恩格斯的文化理论是普列汉诺夫文化理论的直接理论来源。马克思、恩格斯文化理论对于普列汉诺夫文化理论的形成和发展产生了重要的作用,普列汉诺夫在继承马克思、恩格斯文化理论基本精神、基本方法的基础上,进一步丰富和发展了马克思、恩格斯的文化理论,并形成了具有一定自身特色的文化理论。

首先,马克思、恩格斯文化理论的理论基础对于普列汉诺夫文化理论产生了重要的影响。马克思、恩格斯文化理论是以唯物史观为指导的,立足于生产力决定生产关系、经济基础决定上层建筑的基本原理,从人类社会的生产劳动出发,阐发了文化发生的根源问题。唯物史观认为作为实践主体的人类,通过生产实践,作用于实践的客体自然界,从而产生了文化。文化根源于人类社会的生产实践,文化是人类社会生产实践的认识表达。马克思、恩格斯通过阐述人类社会的生产实践与人类意识的关系,从而阐明了文化产生的理论基础。普列汉诺夫文化理论继承了马克思、恩格斯的文化理论的理论基础,认为唯物史观的社会存在决定社会意识原理是其文化理论的理论基础,人类社会的劳动实践是文化产生的根源。普列汉诺夫从社会历史的实际进程出发,确立了文化理论的理论基础。具体到俄国的历史发展进程,他认为学会用唯物史观看待问题就要看到:民粹主义的理论落后于俄国实际生活的现实发展,文化与经济发展不一致,文化的发展落后于经济的发展的情况,不再适合俄国经济发展的需要,他说:"'观念的进程'即在这里也落在'事物的进程'后面,而现在还难以预见'观念的进程'什么时候把'事物的进程'追上。"①由此可见,普列汉诺夫立足于对俄国实际历史进程,为其文化理论找到了理论基础。

其次,马克思、恩格斯文化的地位理论对于普列汉诺夫产生了重要影响。马克思、恩格斯是从人类社会的社会结构整体来考察文化的。马克思、恩格斯以历史唯物主义作为理论基础,科学地阐释了社会结构理论,认为社会结构是由人类社会经济、政治和文化等要素之间联系和互相作用构成的有机整体。普列汉诺夫继承了马克思、恩格斯的这一思想,尤其值得称赞的是他丰富、发展了这一思想,提出了著名的"五项因素"公式理论。普列汉诺夫在肯定马克思、恩格斯的经济、政治、文化三者相互作用的基础上,把文化进一步细分为社会心理和思想体系,阐明了经济通过政治、社会心理等中间因素,作用于思想体系的过程。普列汉诺夫的"五项因素"公式既继承了马克思、恩格斯文化地位、作用理论,又丰富、发展了这一理论。

最后,马克思、恩格斯的关于文化发展的目的理论对普列汉诺夫产生了重要的影响。马克思、恩格斯阐明了无产阶级解放乃至全人类的解放是文化发展的最终目的,而文化自觉则是实现全人类解放的一个重要条件。在马克思、恩格斯看来,无产阶级的文化自觉不是天生的,它需要通过宣传教育,启发无产阶级的自觉意

① 《普列汉诺夫哲学著作选集》第 1 卷,生活·读书·新知三联书店 1959 年版,第 66 页。

识,实现文化自觉,从而能够实现无产阶级解放和全人类的解放。因此,无产阶级解放乃至全人类的解放是马克思、恩格斯的文化发展的最终目的。普列汉诺夫继承了马克思、恩格斯的这一理论,认为启发无产阶级觉悟,从而实现自身解放,是文化发展的最终目的。在普列汉诺夫看来,如果工人阶级尚不能承担起自己的历史重任,其拥护者就要推动工人阶级的发展,帮助消除妨碍其力量和觉悟发展的障碍。① 政治教育是启发觉悟的重要手段,"它通过了自己的政治教育锻炼,抱着坚定的志愿,准备不论何时都可以完成这一政治锻炼,并作为独立的活动家出现在历史生活的舞台上,而不是永远地从一个保护人那里过渡到另一个保护人那里;不允许的原因是因为这样的保护是多余的,因为它自己那时也能解决社会主义革命的任务;不允许的最后一个原因是这样的保护是有害的"。② 通过政治教育,无产阶级实现了文化自觉,从而能够为实现无产阶级解放和全人类的解放而斗争。

第二节　普列汉诺夫文化理论
形成的主观条件

普列汉诺夫文化理论的形成固然离不开客观的社会历史条

---

① 《普列汉诺夫哲学著作选集》第 1 卷,生活·读书·新知三联书店 1959 年版,第 106 页。

② 《普列汉诺夫哲学著作选集》第 1 卷,生活·读书·新知三联书店 1959 年版,第 105 页。

件,但是,主观条件也非常重要,自身具备的过硬的素质促进了普列汉诺夫文化理论的最终形成。

一、坚实的文化理论基础

普列汉诺夫文化理论的形成离不开其青少年时期养成的勤奋向上的精神和积淀的深厚文化理论基础。

普列汉诺夫自幼就受到了严格的家庭教育,从小养成了勤奋好学的习惯和非常强的自理能力,并具备了不怕吃苦的品质。这虽受益于他身为军官的父亲,但更多的还是受益于他出身贵族家庭的母亲。他的父亲要求严格,母亲则思想开朗、知识渊博,这使普列汉诺夫从小就得到了良好的家庭教育,特别是他的母亲,除了教授他俄语、法语、算术等知识外,还在追求真理、热爱生活、关心他人等方面对普列汉诺夫产生了非常大的影响。

在十一岁的时候,普列汉诺夫就已表现出众,学识过人了。上中学的时候,他甚至被同学们称为"活百科全书"。从中学开始,他就深受达尔文进化论的影响,敢于追求真理,挑战神学。进入大学后,普列汉诺夫的成绩非常出色,并涉猎广泛,掌握了俄语、德语、法语三种语言,为其此后的研究和成就奠定了坚实的基础,尤其是让他能够深入研究马克思、恩格斯原著。

即便是在流亡西欧以后,普列汉诺夫仍对科学文化知识表现出浓厚兴趣,经常听文学、化学、物理学等方面的学术性讲座,但主要精力还是用在了研读《路易·波拿巴的雾月十八日》《反杜林论》《行动中的巴枯宁主义》等马克思、恩格斯的著作上,并完成了对《共产党宣言》等著作的注释。

二、热爱人民的思想

普列汉诺夫思想深处对人民的热爱和对革命的追求,使其文化理论具备了坚实的思想基础和阶级基础。

普列汉诺夫在其晚年的回忆中,讲到曾与查苏里奇一起发誓,把人民幸福作为自己一生的最高准则。普列汉诺夫从小就关心下层劳动人民、立下了革命的抱负。地主贵族出身的普列汉诺夫在童年时期,就不顾家里人反对出去和村里穷人家的孩子一起玩。中学时期,他就开始思考社会现实问题,努力探索社会革命的真理。在 17 周岁的时候,由于他的父亲病故,母亲为了维持生活要卖地,虽然商人出高价买地,但是普列汉诺夫还是劝母亲把土地卖给出低价的农民。这时的关心还仅仅是一种朴素的情怀。

普列汉诺夫受家庭影响,在学生时代也曾有成为军官,甚至统帅的想法,但最终还是顺应了时代和人民的需要,走上了革命道路。研究普列汉诺夫的思想变化,可以发现他在就读中学时,就已经深受车尔尼雪夫斯基、别林斯基等人的影响,认清了专制制度的本质,坚定了革命理想。后来,当他在就读炮兵军官学校时,目睹了沙皇和贵族的奢靡生活,并看到了工人的穷困潦倒。这一时期,普列汉诺夫并未停止阅读革命著作,经过认真思考,他最终放弃了成为军官的想法,并从军官学校退了学。在经历了阶级斗争和工人运动的洗礼和锻炼后,普列汉诺夫牢固树立了工人阶级立场。正如他自己所言:"我深信,正是通过这些'打交道'所取得的经验为掌握马克思主义打好了基础。"①

"就我出身来说,我可能属于压迫者,我可能属于寻欢作乐、游手好闲、双手沾满着鲜血之类的人。我之所以转到被压迫的阵营,是因为我热爱受苦受难的俄国群众,是因为我热爱俄国农民和俄国工人。"②晚年的普列汉诺夫曾这样说。就家庭出身来说,普列汉诺夫可能会成为军官,他却选择了站在人民一边,参加了革命活动,并最终成为了一名出色的马克思主义者,这与普列汉诺夫对人民的热爱和对革命的自觉是分不开的。

三、坚实的马克思主义理论功底

普列汉诺夫能够在文化理论方面取得令人瞩目的成就,与他具备坚实的马克思主义理论功底密切相关。

普列汉诺夫最初曾接受民粹思想,在研读了《资本论》后,就开始对革命理论有了兴趣。等到逃亡西欧后,普列汉诺夫又系统学习、研究了马克思、恩格斯著作,并在马克思、恩格斯的著作影响下,摆脱了民粹主义的困扰,并深刻地认识到俄国资产阶级的统治必将代替沙皇封建专制制度,工人比农民更加容易接受社会主义,在不知不觉之中普列汉诺夫成为了马克思主义者。普列汉诺夫曾写道:"关于我个人可以这样说,就是阅读《共产党宣言》成为我的人生中的一个转折。我曾经得到宣言的鼓舞,并马上决定把它译

---

① 高放、高敬增:《普列汉诺夫评传》,中国人民大学出版社 1985 年版,第 668 页。

② 普列汉诺夫:《在祖国的一年》,生活·读书·新知三联书店 1980 年版,第 5 页。

成俄文……。"①

普列汉诺夫由民粹主义转向马克思主义并非偶然,而是在经历了民粹主义实践之后,带着心中的疑惑研读了马克思、恩格斯著作后进行的选择。民粹派的理论到底能不能指导革命取得成功?俄国社会改革的前进方向在哪里?普列汉诺夫曾回忆说:"没有同我们一起经历过那个时期的人,很难想象,我们以怎样的热情贪婪地研读社会民主主义的著作,其中伟大的德国理论家的著作当然占首位。而我们越熟悉社会民主主义的著作,对于我们以前观点的弱点就认识得越明确,对于我们原有的革命经验就认识得越正确。""马克思的理论正像阿莉阿德尼的线一样,把我们从我们的思想所陷入的矛盾的迷宫中引导出来了。"②可以发现,普列汉诺夫的转变是把理论与实践结合后思考的结果,这对于普列汉诺夫文化理论的形成具有非常重要的导向性作用。

四、持续的奋斗精神

普列汉诺夫之所以能够形成自己的文化理论,在很大程度上,是因为他有着常人所难以想象的奋斗精神。

普列汉诺夫曾因为参加民粹活动而被捕三次,并流亡国外,即使如此,也没能让他的革命理想发生改变,特别是在转变为马克思主义者后,其革命意志更加坚定,无论遇到何种困难都不能使他的

① 高放、高敬增:《普列汉诺夫评传》,中国人民大学出版社 1985 年版,第 668 页。

② 高放、高敬增:《普列汉诺夫评传》,中国人民大学出版社 1985 年版,第 50 页。

革命决心产生丝毫的动摇,即使是身患重病也是如此。1905 年,普列汉诺夫曾写道:"随时随地都可以学习。只要珍惜自己的时间,只要充分利用一分一秒的空闲来充实自己的知识。""不仅可以从书本学习。实际工作者直接接触的生活本身就是学习,而且是了不起的学习! 但是生活是用自己特殊的语言说话的,这种语言如果没有理论的帮助,常常是无法了解的,光凭这一点每一个实际工作者道义上都必须获得理论上的修养。"①这真实反映了普列汉诺夫的内心状态和生活现实。"在体温四十摄氏度的时候,应该找轻松的、不使脑筋疲倦的工作做,在人种学、绘画史、音乐方面可以阅读索福克勒斯、欧里庇得斯、埃斯库罗斯(即希腊三大悲剧作家——引者注)的作品。在体温三十九摄氏度、三十八摄氏度半的时候,我能够'尽全力'工作。"②费多钦科作为他的朋友曾回忆说:"尽管经常要与人交往,但普列汉诺夫每天连一分钟也不肯白白虚度。每天都有安排,连每小时都排满一定的内容。"③这一回忆真实地道出了普列汉诺夫顽强的奋斗精神。在生命的最后一段时间,病得那么严重的时候,他仍然坚持读书和写作。正是这种难得的奋斗精神,才使普列汉诺夫能够得以为革命事业、为坚持和发展马克思主义作出了杰出的贡献,取得了令人瞩目的成就。

---

①　高放、高敬增:《普列汉诺夫评传》,中国人民大学出版社 1985 年版,第 570—571 页。

②　福米娜:《普列汉诺夫的哲学遗产》,上海人民出版社 1957 年版,第 61 页。

③　约夫楚克、库尔巴托娃:《普列汉诺夫传》,生活·读书·新知三联书店 1980 年版,第 133 页。

第二章　普列汉诺夫文化理论
发展的历史轨迹

　　任何理论的成熟发展都有着共同的规律,都要经历一个逐渐成熟的过程。在基本观念的基础上不断扩展,逐步形成自身特有的核心理论和表达方式,并构建起一个由各个部分组成的相互关联的理论体系,其理论成果也将随着社会实践的推进而得到证实。这一过程必将表现为不同历史时期所产生的标志性著作所具有的继承关联关系上。而任何理论都要以文本的方式加以体现,以历史的眼光研读文本,理论的形成过程也将清晰可见。普列汉诺夫文化理论的形成过程也是如此,必然会有其自身发展的特点与规律,它也是一个逐步形成与完善的过程。对普列汉诺夫阐述文化理论的经典著作,按照时间顺序,并将其作为一个理论整体进行研究,必然会发现普列汉诺夫文化理论的发展历程与发展规律,并得以深入探究其理论影响和结果;同时,还可以通过对普列汉诺夫文化理论的研究来探讨文化的本质属性与作用机制,这对于研究普列汉诺夫文化理论而言意义重大。

因此,根据普列汉诺夫文化理论的发展规律,把普列汉诺夫文化理论分为三个阶段:理论的形成期、理论的发展成熟期、理论的进一步发展期。但是,我们也应该看到在普列汉诺夫文化理论的完善应用期也是其政治上犯了机会主义错误的时期,这种政治错误影响了他在文化理论上取得突破性发展。

第一节 普列汉诺夫文化理论的形成期
(1876—1885)

从 1876 年加入民粹派,到 1885 年发表《我们的意见分歧》,可以说是普列汉诺夫文化理论的形成期。之所以说这一时期是普列汉诺夫文化理论的形成期,是因为在这一时期是普列汉诺夫从民粹主义者转变为马克思主义者,形成了普列汉诺夫马克思主义的文化理论并初步以马克思主义理论作为指导批判了民粹主义的错误,指出了俄国革命的前途,分析了俄国文化的性质和发展前途,在这过程中提出了一系列有关文化的基本问题。

一、普列汉诺夫文化理论的初步探索期(1876—1883)

1876 年初,普列汉诺夫加入了革命民粹派的一个小组,此时他还是彼得堡矿院一名学生,后来又加入了以此基础建立的"土地与自由社"。资产阶级自由知识分子和平民知识分子是革命民粹派的主要力量,他们的口号是"到民间去",他们的主要观点是社会主义革命前途的实现可以以"村社"的土地的集体所有制作为经济基础,他们认为革命的主要力量是农民,革命的前途是在"村社社会主义"的基础上直接跨越到社会主义。普列汉诺夫非常赞同民粹派的革命主张。但是,普列汉诺夫没有看到俄国社会发展的实际是资本主义在俄国已经有了很大发展,资本主义才是俄国社会发展的必然趋势。因此,此时的普列汉诺夫还是一个纯粹的民粹主义者。

1876 年初,普列汉诺夫初次阅读了马克思的《资本论》,它的突出贡献在于指出了人类社会的基本矛盾即生产力与生产关系、经济基础与上层建筑的矛盾。马克思、恩格斯的文化理论就是奠定在于生产关系一定要适合生产力发展状况的规律,上层建筑一定要适合经济状况的规律的坚实的基础之上的。通过阅读《资本论》,普列汉诺夫初步了解了马克思主义理论,由此,也开启了他的文化理论的端倪。

《资本论》等马克思的著作在俄国的传播引起了俄国知识分子的关注,也引起了民粹派知识分子的分化。一部分人赞同马克思的观点,民粹派知识分子鲁萨诺夫就认为马克思理论在俄国的传播,"给民粹派以重大的打击,促使人们重新思考俄国社会发展的前途"。① 在民粹派的科瓦里奇看来:"马克思的理论贡献可与达尔文比肩。"②另一部分不认同马克思理论,认为它与俄国的国情不适应,但是,他们却企图从马克思的理论中找出俄国村社社会主义的道路的支持。普列汉诺夫阅读马克思、恩格斯的著作后,非

---

① 鲁萨诺夫:《我的回忆录》,俄文版,1923 年版,第 115 页。
② 科瓦里奇:《往事》俄文版第 10 卷,1905 年版,第 5 页。

常赞同他们的观点,开始以此为指导思考俄国社会发展前途问题,从而获得了新结论、新观点。此后,俄国社会学家马克西姆·科瓦列夫和奥尔洛夫的著作中对于俄国资本主义实际发展情况的调查,给了普列汉诺夫更大的触动,他更加关注俄国资本主义的实际发展问题。

其中,奥尔洛夫在《莫斯科省土地所有制的形式》中对于俄国村庄实际发展情况的调查报告,对于普列汉诺夫思想产生了很多的冲击。奥尔洛夫通过调查莫斯科省 5500 个村庄的实际情况指出:农民走向分化,村社走向解体,资本主义迅速发展。由此,普列汉诺夫的民粹主义思想开始动摇。普列汉诺娃曾明确地说:"给予普列汉诺夫革命信仰初次打击的是奥尔洛夫的简明的统计材料。"[①]

从 1879 年夏天开始,民粹派的"土地与自由社"开始分裂,在沃龙涅什大会上分成了两派。一派是恐怖主义的"民意党",人数占大多数,他们已经对"到民间去"的策略感到失望,主张采用个人恐怖手段。另一派是普列汉诺夫的"土地平分社",被称为"农村派",他们主张继续原来的策略,向农民宣传鼓动。但是,"土地平分社"的参加者寥寥无几。1881 年 3 月 1 日,"民意党"人用炸弹炸死了亚历山大二世,亚历山大三世上台,但是他更加残暴地对待人民。在普列汉诺夫看来"民意党"人用炸弹"不仅杀死了亚历山大二世,而且也杀死了民粹主义理论"。[②]

---

① 普列汉诺娃:《我们出国前的生活》,《劳动解放社文集》俄文版第 6 卷,1928 年版,第 95 页。

② 福米娜:《普列汉诺夫的哲学观点》,生活·读书·新知三联书店 1975 年版,第 31 页。

民粹主义在实践中的失败,促使普列汉诺夫重新思考俄国革命前途问题。但是这一时期他的思想充满了矛盾,这种矛盾反映在了他的著作中。在1880年9月的《土地平分》第二期上,普列汉诺夫明确指出:不放弃追求"农民的社会主义","土地归农民",但是,也不否定工人阶级政治斗争的重要性,"工厂归工人"。①从这些观点,可以看出普列汉诺夫的思想还处在民粹主义与马克思主义的矛盾阶段。

1876年到1879年间,普列汉诺夫与工人密切交往,经常在工人中展开宣传工作,并且参加工人游行示威,组织工人举行罢工等。普列汉诺夫在工人中的这些活动,促使他认识到了工人阶级的革命作用,在他看来自己"掌握马克思主义"的基础就是"从事工人运动"②的实践经验。1879年末流亡国外后,他先后目睹了法国工人运动的胜利和德国工人运动的胜利。这些运动给了普列汉诺夫很大启示,促进了他马克思主义世界观的形成。

流亡国外后,普列汉诺夫进一步阅读了马克思、恩格斯的著作,马克思主义理论引导他走出了民粹主义的旋涡。1881年12月到1882年初,普列汉诺夫翻译完成了《共产党宣言》(以下简称《宣言》)。《宣言》不仅是共产党人向全世界公开说明自己观点、目的和意图的历史文件,同时也是蕴含着经济、政治和文化等社会生活全面内容的纲领性文件。论证了历史唯物主义文化理论的一般原理,确证了马克思、恩格斯的文化理论是建立在历史唯物主义

---

① 《普列汉诺夫全集》第1卷,俄文版,第131页。
② 《普列汉诺夫全集》第8卷,俄文版,第119页。

基础上的崭新的文化理论。在这过程中,普列汉诺夫的世界观也越来越接近马克思主义。普列汉诺夫自己也认为阅读《共产党宣言》对于他世界观的转变产生了重大影响,这也促使他把《共产党宣言》翻译成俄文,其中的序言是马克思、恩格斯写的,导言是他自己写的。在导言中,普列汉诺夫指出:"坚持一切革命运动的最近的直接的目的,但同时并不放弃'未来'"①,俄国社会的发展前途是社会主义,但是,从现实实际来看,无产阶级革命对于反对专制制度具有重要的意义。这是普列汉诺夫首次自觉运用《宣言》中的原理分析俄国革命的性质和前途,由此可见,普列汉诺夫距离一名真正的马克思主义者越来越近。

1883 年,普列汉诺夫参与建立了"劳动解放社",它是俄国第一个马克思主义组织,建立的目的就是在俄国传播马克思主义理论。劳动解放社出版的《社会主义与政治斗争》《我们的意见分歧》等著作就是为宣传马克思主义理论,并批判民粹派主义思想而出版的。在《社会主义与政治斗争》《我们的意见分歧》等著作中,普列汉诺夫自觉以马克思、恩格斯的历史唯物主义作为理论基础,并以此作为指导,确立了文化理论的解释原则,论证了文化发展的一般历史进程,阐发了文化的作用,阐述了对待文化理论的正确做法,阐述了俄国文化的性质和前途。

在《社会主义与政治斗争》一文中,普列汉诺夫首次运用马克思、恩格斯的基本原理批判民粹派的错误观点。文中证明了马克思和恩格斯的社会主义理论是适应俄国的,工人阶级才是俄国革

---

① 《普列汉诺夫哲学著作全集》俄文版第 1 卷,第 150—151 页。

命斗争的主力军,在这过程中,普列汉诺夫还阐述了他的文化思想,提出了一系列文化的基本理论,这标志着他的马克思主义文化理论的初步形成。

1. 以唯物史观的社会存在与社会意识辩证关系原理为基础,确立了文化的理论基础和解释原则

理论基础的确定,是科学文化理论的首要问题。普列汉诺夫运用历史唯物主义分析社会发展的实际,在这过程中,确立了他文化理论的理论基础。在他批判民粹主义错误观点的过程中,他就是运用了历史唯物主义。具体到俄国的历史发展进程,他从唯物史观的角度批判了无政府主义者、民粹派和布朗基主义者,指出:"他们应当学会理解历史发展的进程。"①学会用唯物史观看待问题就要看到:民粹主义的理论落后于俄国实际生活的现实发展,文化与经济发展不一致,文化的发展落后于经济的发展的情况,不再适合俄国经济发展的需要,他说:"但是从《民意》出现的时候,我们的革命运动的逻辑的发展已经到了一个它不再能为美好的旧的、及时对政治利益疏远的时候一些民粹派理论所能满足的阶段。实践超越了理论的例子,一般地在人类思想中,特别是在革命的思想中是不可少的。""'观念的进程'即在这里也落在'事物的进程'后面,而现在还难以预见'观念的进程'什么时候把'事物的进程'追上。"②由此,普列汉诺夫通过对俄国实际历史进程出发,从

① 《普列汉诺夫哲学著作选集》第 1 卷,生活·读书·新知三联书店1959 年版,第 63 页。

② 《普列汉诺夫哲学著作选集》第 1 卷,生活·读书·新知三联书店1959 年版,第 66 页。

而为文化理论找到了理论基础。

普列汉诺夫还从社会存在与社会意识的辩证关系出发,确立了文化理论的解释原则。在《社会主义与政治斗争》中,首先,普列汉诺夫从社会意识的来源阐明了精神生活对于物质生活的依赖性,他说:"科学社会主义须以'唯物主义历史观'为前提,即是说,它必须以社会关系的发展(虽说是在周围自然界的影响下)来解释人类发展的精神历史。"①这是从"'思想的进程去适应物的进程。'而不是相反的(即物的进程去适应思想的进程。——译者)使他们朝这一方向或那一方向发展的主要原因是生产力的状况以及与之相应的社会经济结构。"②并引用马克思的话,说:"人们在自己的社会生活中遭遇到了一定的、必然的、不以他们的意志为转移的关系,即遭遇到了与生产力发展的这一或那一阶段相适应的生产关系。这一切生产关系的总和就组成为社会的经济结构,即法律的和政治的上层建筑所赖以树立起来而有一定的社会意识形式与其相适应的现实基础。与物质生活相适应的生产方式制约着社会的、政治的和精神生活的一般过程。不是概念决定人们的社会生活,恰恰相反,而是人们的社会生活决定人们的概念……法权的关系,以及国家生活的形式,不能由自己得到说明,也不是由人类精神的所谓一般发展来说明,而是植基于生活的物质条件中,这些条件的总和,黑格尔依照十八世纪的英国人和法国人的榜样,称

---

① 《普列汉诺夫哲学著作选集》第 1 卷,生活·读书·新知三联书店1959 年版,第 70—71 页。

② 《普列汉诺夫哲学著作选集》第 1 卷,生活·读书·新知三联书店1959 年版,第 70—71 页。

之为公民社会;公民社会的解剖是应当在经济中寻求的。"①其次,普列汉诺夫从社会意识的发展阐明了精神生活对于物质生活的依赖性。在封建社会末期,资产阶级通过法律来维护其经济利益,他说:"运动的意义到处都是一样的,标志了第三等级社会解放的开始,和世俗、教会贵族的没落。总地说来这一运动使城市人得到了'市政的独立、选举一切地方机关的权利、各种税额的确定',保证了在城市公社内部的个人权利……就使得资产阶级在现代社会中达到了完全的统治。资产阶级为自己规定完全确定的社会—经济目的(虽说有时候这些目的也变更),从自己已经获得的物质地位的一些利益中吸取进一步斗争所必需的办法,不放弃任何一个机会把已达到的经济进步的阶段在法的上面表现出来,相反地是巧妙地利用自己的每一政治成果在经济领域中获取新的胜利。"②在资本主义社会末期,资产阶级走向终结的时候,无产阶级也是通过法律、选举权等来维护自身的经济利益,他说:"现在,当资产阶级在走近自己历史作用的终结的阶段,和无产阶级将成为社会中进步意图的唯一代表的时候,我们可以看到与上述的相类似的现象,虽然是在变化了的条件下实现的。"德国社会民主党的纲领是"承认无产阶级必须力求'用一切它所能支配的手段,包括把由迄今为止的欺骗工具变成解放工具的普遍选举权',来达到经济的革命"。还说:"无产阶级要求人民直接立法作为能实现它的社会意

---

① 《普列汉诺夫哲学著作选集》第 1 卷,生活・读书・新知三联书店 1959 年版,第 71 页。

② 《普列汉诺夫哲学著作选集》第 1 卷,生活・读书・新知三联书店 1959 年版,第 78 页。

图的唯一政治形式。"并指出："单是这一历史的见证就应当引起我们如下的思想：不是错误的理论而是正确的实际本能是各种社会阶级的政治倾向的基础。"①

2. 以唯物史观的人类社会基本矛盾运动原理作为理论基础，论证了文化发展的一般历史进程

唯物史观是认识文化的理论基础，普列汉诺夫在《社会主义与政治斗争》中以人类社会的基本矛盾，即生产力与生产关系、经济基础与上层建筑之间的矛盾作为理论基础，论证了人类社会发展的一般历史进程。在这里实际上指出了社会的经济结构、政治结构和文化结构的关系，指出了人类社会形态变化的原因，即人类社会文化向前发展的原因。普列汉诺夫说："科学社会主义须以'唯物主义历史观'为前提，即是说，它必须以社会关系的发展（虽说是在周围自然界的影响下）来解释人类发展的精神历史。"②这是从"'思想的进程去适应物的进程。'而不是相反的（即物的进程去适应思想的进程。——译者）使他们朝这一方向或那一方向发展的主要原因是生产力的状况以及与之相应的社会经济结构。"并引用马克思的话说："人们在自己的社会生活中遭遇到了一定的、必然的、不以他们的意志为转移的关系，即遭遇到了与生产力发展的这一或那一阶段相适应的生产关系。这一切生产关系的总和就组成为社会的经济结构，即法律的和政治的上层建筑所赖以

---

① 《普列汉诺夫哲学著作选集》第1卷，生活·读书·新知三联书店1959年版，第79页。

② 《普列汉诺夫哲学著作选集》第1卷，生活·读书·新知三联书店1959年版，第70—71页。

树立起来而有一定的社会意识形式与其相适应的现实基础。与物质生活相适应的生产方式制约着社会的、政治的和精神生活的一般过程。不是概念决定人们的社会生活,恰恰相反,而是人们的社会生活决定人们的概念……法权的关系,以及国家生活的形式,不能由自己得到说明,也不是由人类精神的所谓一般发展来说明,而是植基于生活的物质条件中,这些条件的总和,黑格尔依照十八世纪的英国人和法国人的榜样,称之为公民社会;公民社会的解剖是应当在经济中寻求的。"①由此可见,文化是随着社会基本矛盾的发展而从低级到高级不断向前发展,从而形成一个有规律的历史过程。

3. 以辩证唯物主义认识论为指导,阐述了文化的功能和对待文化的正确做法

辩证唯物主义认为实践决定认识,实践对于认识具有决定作用;认识并不是被动地被决定,认识对于实践具有反作用,认识对于实践具有反映和指导作用,正确的认识能够推动实践的不断向前发展,错误的认识能够阻碍实践的发展。实践与认识是相辅相成的,二者是辩证统一的关系。

普列汉诺夫以辩证唯物主义认识论为指导,指明了马克思主义理论对于革命斗争具有指导作用。一方面,科学社会主义理论对于革命运动具有指导作用。普列汉诺夫认为科学社会主义理论对于俄国的革命运动具有指导作用,他说:"从俄国革命运动最后

---

① 《普列汉诺夫哲学著作选集》第 1 卷,生活·读书·新知三联书店 1959 年版,第 71 页。

走上专制制度公开斗争的道路的时候起,社会主义者的政治任务的问题就成了我们党最现实、争论最热烈的一个问题。"①在普列汉诺夫看来,俄国现实的革命运动具备以马克思主义理论为指导的现实基础,他提出俄国农村公社自身已经开始瓦解,民粹主义的理论已经和俄国产业工人的情况不适合了,马克思主义才是符合俄国发展实际的指导理论,而且只有无产阶级政党才能领导工人建立共产主义社会。对此,普列汉诺夫说:"村社文化已经瓦解,俄国需要根据发展的实际发展社会主义文化。"②他指出:"因为《土地与自由》的一些理想是和产业工人的情况不适合的。而且现在当俄国特殊的理论变成停滞和反动的同义语,而俄国社会的进步因素集合在深思的'西欧主义'的旗帜之下的时候,这是很适时的。"③另一方面,马克思主义理论对于纯粹理论的社会科学发展具有指导作用,文中论证了马克思主义理论对于各个文明国家的文化发展的指导作用,普列汉诺夫指出:"社会主义的宣传对于各文明国家的思想发展的全部进程都产生了极大影响。也几乎没有一门社会科学,不这样或那样受到这一宣传的影响。"④

---

① 《普列汉诺夫哲学著作选集》第 1 卷,生活·读书·新知三联书店 1959 年版,第 53 页。

② 《普列汉诺夫哲学著作选集》第 1 卷,生活·读书·新知三联书店 1959 年版,第 51 页。

③ 《普列汉诺夫哲学著作选集》第 1 卷,生活·读书·新知三联书店 1959 年版,第 51 页。

④ 《普列汉诺夫哲学著作选集》第 1 卷,生活·读书·新知三联书店 1959 年版,第 55 页。

理论要随着实践的发展而不断向前发展,可贵的是,普列汉诺夫很早就意识到了这一点,他指出对待文化理论的正确做法是继承和发展马克思和恩格斯理论。对此,他说:"他们的学说对文明人类的现代革命运动的关系,正如某个时候,——他们中间的一个所说的——先进的德国哲学之对于德国解放运动的关系一样:他们的学说是它的头脑,正如无产阶级是它的心脏",而且在普列汉诺夫看来,"科学社会主义的发展还没有完结,我们不能停留在恩格斯和马克思的著作上。"①由此可见,普列汉诺夫认为继承是开始,发展才是目的,对于马克思主义理论来说,也是一样的,既要坚持马克思主义理论,又要发展马克思主义理论,他强调说:"发展这种理论,即是补充和完成《共产党宣言》作者们在科学中所实现的革命的那种研究。"②

由此可见,《社会主义与政治斗争》是普列汉诺夫马克思主义观形成的理论标志,虽然普列汉诺夫在文中没有直接使用文化一词,但是,他已经开始运用马克思、恩格斯的基本原理来认识文化问题,可能这些认识还不够成熟,但是足以说明普列汉诺夫文化理论的初步形成。

二、普列汉诺夫文化理论的正式形成期(1883—1885)

在《社会主义与政治斗争》之后,在1885年,"劳动解放社"出

---

① 《普列汉诺夫哲学著作选集》第 1 卷,生活·读书·新知三联书店1959 年版,第 70 页。

② 《普列汉诺夫哲学著作选集》第 1 卷,生活·读书·新知三联书店1959 年版,第 70 页。

版了普列汉诺夫的第二部理论著作《我们的意见分歧》。普列汉诺夫在书中主要批判了自由主义的民粹派分子——米海洛夫斯基、沃龙佐夫等人的空想社会主义的文化理论,并立足于俄国的现实,以历史唯物主义作为指导,阐述了对于俄国文化发展的性质和前途问题的看法。这篇文章是普列汉诺夫在提出历史唯物主义的文化基本理论之后,又开始把历史唯物主义与俄国社会生活实际相结合,并以此作为理论基础来认识俄国文化发展的性质和前途。这篇著作的可贵之处在于,普列汉诺夫已经能够做到理论与实践相结合,因此,可以说这篇文章标志着普列汉诺夫文化理论的正式形成。

1. 以辩证唯物主义作为理论指导,批判了俄国当时社会发展的错误思潮

运用辩证唯物主义分析批判俄国赫尔岑和车尔尼雪夫斯基的民粹主义、巴枯宁无政府主义、特卡乔夫的布朗基主义。民粹主义把农民公社理想化,企图绕过资本主义而直接过渡到社会主义。以辩证唯物主义作为理论基础,普列汉诺夫批判了赫尔岑、车尔尼雪夫斯基的民粹主义思想在俄国村社的命运问题上所犯的唯心主义的错误。赫尔岑、车尔尼雪夫斯基的民粹主义思想不顾俄国发展的实际,认为俄国可以跨越资本主义发展阶段直接进入社会主义,普列汉诺夫认为他们这是犯了唯心主义的错误。巴枯宁无政府主义思想是一种绝对的自由观,他主张个人的极端自由,主张消灭国家,反对建立政党和政府,认为将来的社会是无政府社会,这个社会的重要特点是协作和自治。布朗基主义是 19 世纪中期工

人运动中的革命冒险主义的思潮。它的代表人物就是法国人布朗基,它的主要观点是主张依靠少数革命家的密谋活动来推翻资产阶级的统治,建立少数人的专政,一步就跳到共产主义。在普列汉诺夫看来,巴枯宁无政府主义思想和特卡乔夫的布朗基主义思想所犯的是形而上学的错误,这种错误的具体表现是运用静止的观点而不是动态的观点看待问题,也就是说运用静止的观点而不是以历史发展的观点来看待问题,缺乏辩证法的思想。普列汉诺夫认为按照唯物辩证法的思想应该看到俄国经济发展实际已经走上了资本主义道路,资本主义经济成分在俄国经济发展中的比例逐渐增大,因此,资本主义发展成为了俄国经济发展的必然趋势。

2. 以历史唯物主义作为理论指导,指明了俄国文化发展的性质和前途

立足于俄国社会发展的实际,普列汉诺夫以历史唯物主义作为理论指导,指出俄国文化的性质是资本主义性质的文化。在普列汉诺夫看来,俄国农村村社已经衰败,村社中资本主义已经有了很大发展,村社已经不具备直接走上社会主义的特点。因此,俄国社会革命的性质是资本主义革命,俄国文化发展也必将是资本主义性质的文化,乡村公社文化发展前途只能是资本主义文化,而不是共产主义文化。他认为乡村公社文化对于俄国共产主义文化发展具有阻碍作用,它不能指引俄国走上共产主义道路。从俄国社会发展的实际来看,社会主义文化不会产生于"小市民和农民的社会主义",原因在于"俄国的资本主义已经有了很大发展,因此,从目前来看,普列汉诺夫认为乡村公社文化发展前途是资本主义

文化,而不是共产主义文化"。① 但是,从文化发展的前途来看,普列汉诺夫认为俄国文化发展的最终前途一定是社会主义文化。在普列汉诺夫看来,尽管俄国文化的性质是资本主义的文化,但是,俄国的这种资本主义文化并不具备独立性,它与封建文化存在着密切的联系,虽然资本主义文化在俄国已经有了很大的发展,但是仍然不能彻底脱离封建文化,封建文化阻碍了它的发展,同时,目前情况下,俄国的资本主义文化还需要借助封建文化来继续发展,他说:"它的根还深深地植在旧制度的土壤中,但是它的上端却已经发展到有移植的必要性和必然性的时候了。"②

3. 以历史唯物主义作为理论指导,分析了俄国社会发展过程中各文化主体的作用

历史唯物主义以社会存在决定社会意识作为理论基础,指出人民群众是历史的推动者、创造者。人民群众是指人们中的大多数人,是对历史发展起推动作用的人们。人民群众的主体是从事生产劳动的群众和知识分子。人民群众在历史发展过程中的主要作用是:创造物质财富、创造精神财富、推动社会变革。普列汉诺夫以历史唯物主义群众观作为理论指导,详细分析了在俄国社会发展中各文化主体的具体作用:首先,资产阶级已经具有了政治觉悟,资产阶级的主要文化任务是政治宣传,普列汉诺夫指出:"大工厂主、大商人和资产阶级化的地主却已经觉悟到,获得政治权利

---

① 《普列汉诺夫哲学著作选集》第 1 卷,生活·读书·新知三联书店1959 年版,第 382 页。

② 《普列汉诺夫哲学著作选集》第 1 卷,生活·读书·新知三联书店1959 年版,第 242—243 页。

是他们经济繁荣的必要条件;资产阶级让知识分子去从事政治宣传这一文化工作。"①其次,工人阶级是无产阶级革命的主体力量、依靠力量,无产阶级使命是帮助资产阶级进行革命,从而缩短俄国资本主义发展的时间,指出无产阶级革命的依靠力量是工人阶级,普列汉诺夫明确地说:"这一阶级的解放应当是它自己的事业,而且它为了完成这一事业,需要受政治教育,需要理解和掌握社会主义思想。我们以为工人阶级经济解放的可能性与这种教育和掌握的过程的速度及强度成正比例地增长着。"②资本主义的发展促进了工人阶级文化水平的普遍提高,使他们脱离了原来的文化生活:不识字、不写字,按时去教堂祷告,不关心政治,不作秘密活动,不去思想,欢喜劳作,朗诵《圣经》;也唤起了他们的智力活动和斗争意识。但是,同时资本主义限制工人阶级文化水平的进一步发展,普列汉诺夫指出:"资本主义'力求把工人们限制在比一般文化状况所许可的低得多的发展水平上。'"③尽管,资本主义限制使得无产阶级的文化水平不高,但是从文化性质来看,它是最高的类型,普列汉诺夫指出:"应当把文化的程度和文化的类型加以分别,假使现代无产者的物质文化的程度很不高,但是,无论怎样,这一物质文化仍是到现在为止所存在的所有文化中最高的一个类型。何况这一阶级的智力的和道德文化发展,比以前所有各时期

---

① 《普列汉诺夫哲学著作选集》第 1 卷,生活·读书·新知三联书店1959 年版,第 243 页。

② 《普列汉诺夫哲学著作选集》第 1 卷,生活·读书·新知三联书店1959 年版,第 201—202 页。

③ 《普列汉诺夫哲学著作选集》第 1 卷,生活·读书·新知三联书店1959 年版,第 220 页。

的生产阶级的文化高得不可比拟呢。"①最后,社会主义知识分子
是无产阶级革命的领导者,他们的任务是培养工人阶级的觉悟。

4. 以唯物辩证法作为理论指导,客观评价了资本主义文化的
作用

对于资本主义文化的作用,普列汉诺夫进行了客观评价。一
方面,肯定了资本主义文化的积极作用。资本主义文化具有的第
一个积极作用是:破除了封建宗法关系,对此,普列汉诺夫明确指
出资产阶级文化"把所有的封建的、宗法的和淳朴的关系一一破
坏了"。② 资本主义文化具有的第二个积极作用:创造了崭新的资
本主义文化,促进了哲学、公法、私法、历史哲学、自然科学和文学
等学术的发展。普列汉诺夫肯定地指出:"它创造了根本与埃及
金字塔、罗马水道以及哥特式教堂不同的艺术奇迹;它举行了完全
与民族大迁徙以及十字军东征异趣的远征。"③资本主义文化具有
的第三个积极作用是:资本主义促进了文化的互相交流,促进了世
界文化的形成。普列汉诺夫认为由于在经济上资本主义世界市场
的形成,他指出:"资产阶级既已榨取着全世界市场,于是就使所
有一切国度的生产和消费成为世界性的了。"④由此,促进了各个

---

① 《普列汉诺夫哲学著作选集》第 1 卷,生活·读书·新知三联书店
1959 年版,第 221 页。

② 《普列汉诺夫哲学著作选集》第 1 卷,生活·读书·新知三联书店
1959 年版,第 212 页。

③ 《普列汉诺夫哲学著作选集》第 1 卷,生活·读书·新知三联书店
1959 年版,第 212 页。

④ 《普列汉诺夫哲学著作选集》第 1 卷,生活·读书·新知三联书店
1959 年版,第 213 页。

国家之间的文化交流,形成了世界文化,他说:"许多民族的和地方的文学便形成出一个全世界的文学。"①资本主义文化具有的第四个积极作用是:资本主义促进了无产阶级文化水平的提高,唤起了他们的政治觉悟,普列汉诺夫说:"这是资本主义一般的文化和历史的意义。至于它对于工人,对他们的智力,对他们的道德习惯,又起什么影响呢?"②提高了工人阶级的文化水平,学会了识字,学会了写作,学会了思想,"同时唤起了他们趋向智力活动和争取人的生存"③。另一方面,无情地揭露了资本主义文化的消极作用和弊端。首先,在资本主义社会,资产阶级残酷地剥削和压迫工人阶级。对此,普列汉诺夫指出:"他们不是人,而只是直到那时候在历史中还起着领导作用的少数贵族手中的工作机器。"④其次,在资本主义社会,世界文化的消极作用是促使民族文化失去了独立性,失去了特色性。普列汉诺夫指出:"它迫使一切民族都在灭亡的恐怖下采用资产阶级的生产方式,它迫使一切民族都在自己那里施行所谓的文明制度,即变为资产者。"⑤

---

① 《普列汉诺夫哲学著作选集》第1卷,生活·读书·新知三联书店1959年版,第213页。
② 《普列汉诺夫哲学著作选集》第1卷,生活·读书·新知三联书店1959年版,第214页。
③ 《普列汉诺夫哲学著作选集》第1卷,生活·读书·新知三联书店1959年版,第214页。
④ 《普列汉诺夫哲学著作选集》第1卷,生活·读书·新知三联书店1959年版,第214页。
⑤ 《普列汉诺夫哲学著作选集》第1卷,生活·读书·新知三联书店1959年版,第213—214页。

第二节　普列汉诺夫文化理论的发展
成熟期（1885—1903）

　　资本主义发展到了 19 世纪末期 20 世纪初期,出现了重要的转折。这种转折的主要表现是:经济特征是由自由竞争走向垄断,政治特征是由相对和平走向战争,思想特征是由理性的张扬和沉思走向神秘主义。由此,马克思主义理论的发展也遇到了各种来自内部和外部的挑战和问题。当时落后的俄国,集中了各种主要矛盾,成为了革命风暴的中心。普列汉诺夫立足于俄国的实际,进一步发展了马克思主义理论,这当然也包括马克思主义文化理论,所以说,这一时期也是普列汉诺夫文化理论的发展成熟期。其主要表现是提出了一系列独具特色的文化理论,如社会意识理论、"五项因素公式"论、地理环境论、个人在历史上的作用等文化理论。

　　资本主义在经济和政治上的这种变化必然反映到思想上来,思想随着资本主义经济和政治的变化必然发生变化。19 世纪末 20 世纪初,资产阶级思想家放弃了原来的机械唯物主义、无神论思想、人道主义观点和启蒙思想,推行与马克思主义针锋相对的唯心主义和形而上学思想。当时比较有代表性的流派有新康德主义、实证主义、马赫主义、实用主义、直觉主义及其"物理学"唯心主义和"生理学"唯心主义等。新康德主义是当时非常流行的资产阶级哲学思潮,在哲学观上,它否定"物自体"概念,而发展了康德哲学中的主观唯心主义和不可知论,认为人的认识对象是由"纯粹思维"创造的;在社会历史观上,它把社会主义看成是一种抽象的道德概念,认为社会主义只是一种理想的社会,在现实社会中永远不可能达到,只能作为一种道德理想和信仰的对象。在这一时期非常流行、影响很大的还有马赫主义。马赫主义认为世界第一性的东西既非物质也非精神,物理与心理的东西都是对感觉经验的复合,实际上把世界看作了自我感觉的总和。马赫主义妄想消除从物到意识和从意识到物这两种观点的尖锐对立,却陷入了不可知论和主观唯心主义。在科学领域影响很大的还有"物理学"唯心主义。物理学在 19 世纪末 20 世纪初发生了革命性变革,由物质结构学说的突破到三种射线的发现,以及相对论的建立和量子力学的提出,形成了从基本粒子到原子、分子、凝聚态物质、地球、星系乃至整个宇宙的物理学图景,从而充分证明了世界本身的物质性与辩证性,动摇了以往的形而上学的观点。但是,一些自然却囿于固有的形上而学的思维方式得不出科学的结论,哀叹"物质消失了",认为"物理学陷入了危机与绝境,因而悲观绝望,甚至希望自己在这些发现之前就死去"①;唯心主义者则利用旧形而上学观点的破产和科学家不懂辩证法而做出的错误认识,积极宣扬哲学唯心主义、信仰主义和不可知论。总之,资产阶级及其思想家完全否定唯物史观,认为唯物史观只是经济决定论,他们企图用各种各样的理论如种族主义、因素论、地理论等来代替历史唯物主义。

---

① 林德宏:《科学思想史》,江苏科学技术出版社 1985 年版,第 378 页。

在马克思主义阵营内部出现分裂,左、右倾机会主义之间斗争严重,主要表现是:否定唯物史观、教条化唯物史观、庸俗化唯物史观。一些拥护马克思主义的人,又教条化、公式化地运用它。马克思主义被他们看成标签,他们把所有问题都以贴上这个标签作为解决的方法。德国社会民主党内的“青年派”庸俗地对待马克思主义理论,教条式地套用唯物史观公式,机械地看待经济、政治和文化的关系。它的代表人物是保尔·恩斯特,在很多文章中他都机械地套用唯物史观公式,认为经济、政治对于文化具有直接地决定作用。对于当时社会中教条式地对待唯物史观的严重现象,恩格斯非常重视,他多次写信嘱咐德国的一些马克思主义理论家应及时批判错误。在信中,恩格斯多次指出:“青年派”把唯物史观当作公式①,机械套用公式,不注重思考其他因素的作用,不能够进一步思考问题。

在俄国国内,围绕着俄国的发展前途问题,也出现了各种思想派别。这主要有:“合法马克思主义”“经济派”“经验批判主义”“寻神说”和“造神说”等。

“合法马克思主义”是19世纪末期俄国社会思想发展的一个重要的资产阶级派别,司徒卢威、杜冈·巴兰斯基、布尔加柯夫、别尔加也夫等人是其主要代表人物。之所以称他们为“合法马克思主义”,主要是他们能够在合法的报刊上,打着马克思主义之名,运用马克思、恩格斯的个别语句批判民粹派思想和思考俄国社会发展问题。普列汉诺夫及时认清了“合法马克思主义”的真实面

① 《马克思恩格斯全集》第37卷,人民出版社2004年版,第432页。

目,重点批判其宣扬的"客观主义",批判他们的自由资产阶级的观点,批判他们对马克思主义的歪曲和篡改。

"经济派"是当时俄国无产阶级政党内部出现的一个机会主义派别。这个派别的主要特征是只是注重自发式的工人革命斗争,只是注重工人经济斗争的作用,只是关注改良的意义;忽视社会发展中的其他因素:政治斗争、理论斗争、政党领导的作用。在普列汉诺夫看来,"经济派"实质上是伯恩斯坦主义在俄国的发展,必须认清其本质,全面批判其错误。

"马赫主义"是资产阶级利益的代表者,这个派别的主要特征是运用经验批判主义从思想上与马克思主义进行斗争。在俄国 1905 年革命失败后,它曾经非常流行,甚至一部分俄国社会民主党人受到吸引加入了其中。此时的普列汉诺夫在政治上滑向了机会主义的道路,但是他仍然坚持马克思主义的信仰,仍然坚持运用马克思主义理论对"马赫主义"这种错误思潮进行积极的批判。

1905 年俄国革命失败后,代表资产阶级利益的"寻神说"和"造神说"开始盛行。哲学唯心主义和宗教二者是相辅相成的。宗教是哲学唯心主义的外在表现,哲学唯心主义是宗教的理论支撑。它们是代表资产阶级利益的左膀右臂。1905 年革命失败后,小资产阶级情绪低落,反映在理论上就是"寻神说"和"造神说"泛滥。"寻神说"主要观点就是:只有信仰神才能获得幸福,只有信仰神才能道德高尚,否则人类就会有灾难。于是,他们就攻击唯物史观是经济至上,忽视文化发展,是庸俗的,是一场"巨大的社会灾难",为了俄国的未来,必须寻找神。"造神说"的主要观点就是把宗教与社会主义发展相结合,认为只有宗教才能使人具备高尚的道德,宗教感情具有永恒性,只有宗教才是社会主义的组织力量,社会主义可以成为"没有神"的宗教。"寻神说"和"造神说"在形式上虽然有所不同,但是二者的本质相同,就是鼓动人们放弃阶级斗争,甘心做一个被统治者。对于"寻神说"和"造神说",普列汉诺夫进行了积极的批判,揭露了其反动本质,进一步宣传了马克思、恩格斯唯物史观的无神论思想。

在这种复杂的历史背景下,普列汉诺夫进一步思考了如何坚持和发展马克思主义的问题,在这过程中,提出了一系列具有一定特色的理论观点,从而进一步发展了马克思主义理论,这当然也包括文化理论。这也标志着普列汉诺夫文化理论走向成熟。也就是说,在文化理论初步形成后,普列汉诺夫继续坚持以马克思、恩格斯的理论作为理论指导,并以自己形成期的文化理论作为基础,植根于俄国社会发展的实际,为保卫马克思主义的纯洁性,开始批判各种错误理论思潮,在这过程中进一步阐述了他的文化理论,从而赋予了文化更多的理论内涵,使文化理论趋于成熟和系统化。

一、从 1885 年到俄国社会民主工党成立之前的文化理论(1885—1898)

自从 1885 年普列汉诺夫的文化理论正式形成之后,到 1898年俄国社会民主工党成立之前,他继续写作了《黑格尔逝世六十周年》(1891 年)、《唯物主义史论丛》(1892 年)、《论一元论历史观之发展》(1895 年)、《论个人在历史上的作用》(1898 年)等一系列著作。在这些著作中,普列汉诺夫坚持以马克思主义基本原理作为指导,提出了一系列独具特色的文化理论,主要包括:"五项因素公式"理论、社会意识理论、社会心理理论、地理环境作用于文化的理论、个人在历史上的作用理论等。

1. 提出了"五项因素公式"理论

"五项因素公式"理论是唯物史观的社会结构理论,它是普列汉诺夫为反击"合法马克思主义""经济派"等各种唯物心主义而提出来的,有利于指明文化在社会整体结构中的地位,它标志着普列汉诺夫对于马克思唯物史观理论的进一步发展。

1859 年,马克思在《〈政治经济学批判〉序言》里经典地概括了唯物史观的基本原理,指出:生产力与生产关系,经济基础与上层建筑之间的矛盾是人类社会发展的基本矛盾。其中,上层建筑分为政治上层建筑和观念上层建筑,"那些法律的、政治的、宗教的、艺术的或哲学的,简言之,意识形态的形式"①则是观念上层建筑。

普列汉诺夫高度评价了马克思对于唯物史观的经典论述,认为这一论述可以作为社会科学的基础,对于"科学出现的各门未来社会学"②具有指导作用。正是以此作为理论基础,他提出了社会结构的"五项因素公式"。③ 1896 年,在《唯物主义史论丛》中初

① 《马克思恩格斯文集》第 2 卷,人民出版社 2009 年版,第 592 页。
② 《普列汉诺夫哲学著作选集》第 2 卷,生活·读书·新知三联书店 1980 年版,第 403 页。
③ 普列汉诺夫:《无政府主义和社会主义》,生活·读书·新知三联书店 1980 年版,第 23 页。

步提出了"五项因素公式",他概括为:"一定程度的生产力的发展","由这个程度所决定的人们在社会生产过程中的相互关系","这些人的关系所表现的一种社会形式","与这种社会形式相适应的一定的精神状态和道德状态""与这种状态所产生的那些能力、趣味和倾向相一致的宗教、哲学、文学、艺术"。① 此时对于公式的概括虽然不够成熟,但是已经具备社会结构理论的雏形。此后,普列汉诺夫在《论一元论历史观之发展》《论唯物主义的历史观》等著作中进一步发展了这一理论,直到 1907 年《马克思主义的基本问题》问世,普列汉诺夫才把社会结构理论完善地表达出来,即:生产力的状况、生产力所制约的经济关系、在一定经济基础上生长起来的社会政治制度、社会心理和思想体系,并认为五项因素之间是互相影响、互相制约的关系。普列汉诺夫的"五项因素公式"是对马克思、恩格斯社会结构理论进一步丰富和发展,这是普列汉诺夫对于唯物史观的独特贡献。

虽然普列汉诺夫在《马克思主义的基本问题》与《唯物主义史论丛》中对于"五项因素公式"的表述不同,但是表达的思想基本一致的,只是后者的表达更加精练、更加完善了,把旧的"这些人的关系所表现的一种社会形式"精练地表达为"在一定的经济基础上生长起来的社会政治制度",把"与这种社会形式相适应的一定的精神状态和道德状态"、"与这种状态所产生的那些能力、趣味和倾向相一致的宗教、哲学、文学、艺术"分别表达为"社会心

---

① 《普列汉诺夫哲学著作选集》第 2 卷,生活·读书·新知三联书店1961 年版,第 186 页。

理"与"思想体系",并且清楚地表达了五项因素之间的关系,即生产力决定生产关系,经济基础和政治制度决定社会心理,社会心理决定思想体系。因此,"五项因素公式"是普列汉诺夫对于唯物史观的进一步发展,是普列汉诺夫对于马克思主义发展的重要贡献。

在"五项因素公式"中,普列汉诺夫在坚持马克思主义社会结构理论的基础上,进一步深化了这一理论。在坚持马克思主义生产力决定生产关系的基础上,把马克思的上层建筑进一步划分为政治上层建筑和观念上层建筑,又把观念上层建筑细分为社会心理和思想体系。从广义上来看,普列汉诺夫把生产力、生产关系、政治制度这三项看成是社会存在的构成要素,因为这三项基本因素不同于社会意识,是客观存在的因素;把社会心理和思想体系看成是社会意识的构成要素,它们是由社会存在决定的。于是,从整体来看,普列汉诺夫认为经济、政治、文化构成整体的社会结构,即社会结构是由社会的经济结构、政治结构、文化结构三部分构成的。在普列汉诺夫看来,这"五项因素"之间存在因果关系。首先,经济、政治对于文化具有决定作用,文化依赖于经济和政治。对此,一方面,他认为必须了解"感觉和概念,如何依靠社会构造的机构而变成了它们之为它们";另一方面,他指出必须了解"这些感觉和概念如何随着那在这机构中发生的变化而变化"①。在普列汉诺夫看来,经济相当于社会有机体的"骨骼",政治和文化

---

① 《普列汉诺夫哲学著作选集》第 2 卷,生活·读书·新知三联书店1961 年版,第 205 页。

相当于社会有机体的"血肉",说明这三者的关系应该了解经济是被"社会政治形态的生动的血肉包裹着的"①,也是被"人类的观念、感觉、意图和理想的血肉包裹着的"②。也可以说经济运动是"铁的规律",思想体系是生长在"经济弦线"之上的"生动的衣裳",而说明这些确是"最有趣和诱人的"。③ 其次,文化具有相对独立的变化发展规律。在普列汉诺夫看来,文化相对于经济、政治不只是被决定作用,文化对于经济、政治同时也具有反作用,文化具有相对独立的变化发展规律,他说:"思想、感觉、信仰是按其特殊的规律结合着的。"④当然,普列汉诺夫承认文化这种独立变化发展的规律,并没有否认经济基础的决定作用,经济、政治对于文化具有决定作用这是前提基础,他指出唯物主义历史观"承认'精神'在历史上的作用",但是首要前提是必须承认文化"在每个特定时期而且归根到底是由经济发展的行程所决定的"⑤。由此可以看出,普列汉诺夫对于经济、政治、文化关系的阐述完全符合马克思社会结构理论的逻辑关系思想。

普列汉诺夫的社会结构理论包含丰富的文化思想,对于揭示

---

① 《普列汉诺夫哲学著作选集》第 1 卷,生活·读书·新知三联书店1959 年版,第 754 页。

② 《普列汉诺夫哲学著作选集》第 1 卷,生活·读书·新知三联书店1959 年版,第 760 页。

③ 《普列汉诺夫哲学著作选集》第 1 卷,生活·读书·新知三联书店1959 年版,第 760 页。

④ 《普列汉诺夫哲学著作选集》第 3 卷,生活·读书·新知三联书店1961 年版,第 196 页。

⑤ 《普列汉诺夫哲学著作选集》第 3 卷,生活·读书·新知三联书店1961 年版,第 196 页。

文化在社会有机体中的地位和作用具有重要意义,对于我们研究文化具有不可忽视的价值。列宁曾经认真阅读了《马克思主义基本问题》,并作出了高度评价,认为它"最好的论述"了唯物史观的理论①。

2. 丰富和发展了社会意识学说

在普列汉诺夫看来,社会意识是由社会心理和意识形态构成的。社会心理是人们对于社会现象的直接感受,是一种低层次的社会意识,主要包括风俗、习惯、情绪、言论等;意识形态是系统化、体系化的社会意识,主要包括道德、宗教和艺术等。从社会意识范围之内来看,可以说,社会心理是意识形态的直接来源,意识形态是社会心理的理论升华,二者是相辅相成、紧密联系的。这是普列汉诺夫对于马克思、恩格斯社会意识学说的进一步丰富和发展,有利于进一步探悉文化的内部结构。

一方面,社会心理是意识形态的来源,社会心理是一定时期社会风尚的表现,是经济、政治和文化发展的风向标。普列汉诺夫强调说:"社会的人具有一定的心理,而这心理的特性决定他们建立的一切意识形态。"②他具体指出哲学、宗教、艺术等意识形态是在社会心理的基础上发展起来的。以哲学为例,他认为 16 世纪法国人的社会心理是笛卡尔哲学的实际生活来源,18 世纪反对僧侣和贵族的第三等级的心理是 18 世纪法国哲学的重要生活来源。以艺术为例,他指出不同时期的"艺术作品和文学趣味"来源于不同

---

① 《列宁全集》第 26 卷,人民出版社 2017 年版,第 89 页。

② 《普列汉诺夫哲学著作选集》第 1 卷,生活·读书·新知三联书店 1959 年版,第 734 页。

时期的"社会的心理"。① 另一方面,意识形态能够反作用于社会心理,意识形态可以通过传播、教育途径转化为社会心理。在普列汉诺夫看来,作为意识形态的科学社会主义理论只有通过宣传和教育才能转化为工人的自觉行动。

普列汉诺夫特别重视马克思在《路易·波拿巴的雾月十八日》一文中关于社会心理的论述。他认为在这篇文章中马克思所提出来的情感、幻想、思想方式、人生观等就是社会心理的表现,在社会存在与意识形态之间的"中间因素"。社会心理包括人们的"习惯,道德、感觉,观点、意图和理想",②是社会生活中"舆论""民意""风尚的潮流"的风向标,③是一定时期的"时代精神"。④总体来看,普列汉诺夫认为社会心理就是人们在社会生活中的普通意识,没有经过理论家的归纳、总结,具有流行性、暂时性、普通性等特点。

在普列汉诺夫看来,意识形态就是系统化、理论化的社会心理现象,是社会心理的进一步发展,不同的意识形态代表不同阶级的利益,它具有相对稳定性、体系性等特点。在现实中,它表现为艺术、宗教等具体理论。按照与社会生活的远近程度,普列汉诺夫把

---

① 普列汉诺夫:《从社会学观点论十八世纪法国戏剧文学和法国绘画》,《译文》1956 年 12 月号,第 157 页。

② 《普列汉诺夫哲学著作选集》第 1 卷,生活·读书·新知三联书店1959 年版,第 715 页。

③ 《普列汉诺夫哲学著作选集》第 2 卷,生活·读书·新知三联书店1961 年版,第 66、323 页。

④ 《普列汉诺夫哲学著作选集》第 2 卷,生活·读书·新知三联书店1961 年版,第 273 页。

意识形态又作了进一步划分。离社会生活较近的,能够直接反映社会现象的称之为低级意识形态,具体包括:政治、法律等;离社会生活较远的,间接反映社会现象的称之为高级意识形态,具体包括:哲学、宗教、艺术等。普列汉诺夫说"法权无疑的是一种意识形态,不过是第一级的,所谓,低级的意识形态应该怎样理解马克思对高级意识形态,对科学,哲学,艺术等等的观点呢?"①

在普列汉诺夫看来,意识形态向社会心理的转化值得关注。作为意识形态的科学社会主义理论可以通过宣传和教育手段转化为工人的自觉行动。尽管社会主义理论来源于工人阶级的社会心理,是工人阶级心理的系统化、理论化的归纳总结。但是,工人阶级真正掌握社会主义理论并不是自然形成的,只有通过宣传和教育社会主义理论才能转化为工人的自觉行动。

在普列汉诺夫看来,一般来说,意识形态来源于社会心理,一定时代的意识形态与其社会心理是相适应的。但是,二者也会出现不一致的时候,也就是说意识形态与社会心理并不总是互相适应的。原因在于意识形态具有相对独立性,能够按照自身的理论逻辑独自向前发展,从而超越社会心理,出现二者的不适应。普列汉诺夫认为尼采哲学就是超越当时资产阶级社会心理的典型例子。尼采哲学虽然也是资产阶级利益的代言者,但是它却抨击资产阶级的经济和文化生活。普列汉诺夫认为这些矛盾现象是正常的,是当时政治、经济生活的一种反映。

---

① 《普列汉诺夫哲学著作选集》第 1 卷,生活·读书·新知三联书店1959 年版,第 720 页。

从社会意识范围之内来看,可以说,社会心理是意识形态的来源,意识形态是社会心理的归纳总结,二者是相辅相成、紧密联系的。但是从实际生活来看,二者都来源于社会存在,由社会存在所决定,是社会存在的真实反映。他说:"意识形态的历史,大部分要以观念结合的发生、变更和崩坏来解释,而观念结合的发生、变更和崩坏则是受一定的社会力量结合的发生,变更和崩坏的影响。"①从根源来看,二者都是由生产力决定的,并随着生产力的变化发展而不断向前变化发展。在原始社会只存在社会心理。只有到了阶级社会,生产力发展到一定程度,才出现了对社会心理进行归纳总结的理论家,从而才出现了意识形态。在普列汉诺夫看来,法律、政治就是到了阶级社会才出现的。到了阶级社会,社会意识一个重要特征就是阶级性。不同的社会意识代表着不同阶级的利益,反映不同的经济、政治关系。但是,社会生活是通过社会心理等"中间因素"而作用于意识形态的。"中间因素"说是普列汉诺夫的首创。他认为"中间因素"的范围很广,既包括政治、法律、社会心理等内在因素,也包括民族、国家、传统、模仿等外在因素。在普列汉诺夫看来,这些"中间因素"是通过一定的方式和方法而发生作用的。

普列汉诺夫认为社会意识原理既要重视社会存在对于社会意识的决定作用,也要充分重视社会意识的独立性作用。特别是面对各种马克思主义是"经济决定论"的抨击,普列汉诺夫立足于唯

---

　①　《普列汉诺夫哲学著作选集》第 2 卷,生活·读书·新知三联书店 1961 年版,第 290 页。

物史观指明了社会意识的独立性作用。

首先,社会意识具有自己特殊的发展规律。普列汉诺夫认为在人类思想的发展中,"思想、感觉、信仰是按其特殊的规律结合着的"。① 社会意识的这种独立运动规律得到了普列汉诺夫的充分肯定,但是,普列汉诺夫认为这种独立性具有相对性,不是绝对性的,是相对于社会存在而言的,是以社会存在的决定作用为前提的。也正是基于这个前提,普列汉诺夫批判了俄国的"因素论"。"因素论"否认生产力归根到底的决定作用,它认为物质和精神是两个独立的个体,具有各自的独立发展规律。普列汉诺夫指出"因素论"是完全不同于唯物史观的错误理论。

其次,社会意识与社会存在发展的不一致性。马克思、恩格斯认为社会意识与社会经济发展具有不一致性。普列汉诺夫在坚持马克思、恩格斯观点的基础上,又进一步指出,社会意识与社会政治生活也具有不一致性。在普列汉诺夫看来,从一般意义上来讲,社会意识与社会经济、政治发展是一致的,即社会意识的运动曲线与经济发展、政治发展的曲线是平行的。但是,具体来看,社会意识与社会发展的经济和政治方面并不总是一致的。在一定时期,一个国家的社会意识繁荣,但是,经济和政治发展可能是落后的;在一定的国家,社会意识可能是繁荣的,但是经济和政治发展却是落后的。例如,在西欧,19 世纪后期的经济繁荣发展,但是,精神文化却异常落后。在德国,19 世纪的德国经济发展落后,但是,德

---

① 《普列汉诺夫哲学著作选集》第 1 卷,生活·读书·新知三联书店1959 年版,第 737—738 页。

国"社会和政治生活的贫乏"却产生出"巨大的肯定的结果：德国哲学的光辉的繁荣"①。可是，为什么会出现社会意识与社会经济和政治生活发展的不一致呢？在普列汉诺夫看来，这主要是由于"中间因素"的作用，由于德国社会经济、政治发展落后，德国学者将主要精力用于理论研究，但是，这并不是对于唯物史观的否定，因为当时的法国进行得如火如荼的政治革命冲击了德国学者的思想。德国哲学的繁荣正是法国政治革命的理论总结，普列汉诺夫说："如果'实践上'更先进的国家没有推动德国人的理论思想前进，如果他们没有唤醒他们的'独断的微睡'，那么这个否定的属性——社会和政治生活的贫乏——永远也不会产生这个巨大的肯定的结果。"②

最后，社会意识具有反作用。经济、政治决定社会意识，但是，社会意识并不只是被动地被经济、政治所决定，社会意识对于经济、政治生活具有反作用。针对当时流行的对于唯物史观是"经济决定论"的抨击，普列汉诺夫指出唯物史观并不是只强调社会存在的决定作用，它同时非常重视社会意识的反作用。他认为在《黑格尔法哲学批判》《共产党宣言》等著作中，马克思就非常重视对于工人的自觉意识的培养。因此，普列汉诺夫明确指出，如果马克思和恩格斯忽视思想的作用，没有肯定它们对社会的经济发展有作用，那么，他们的实际纲领就完全是另外一种，他们就不会提

① 《普列汉诺夫哲学著作选集》第1卷，生活·读书·新知三联书店1959年版，第732页。
② 《普列汉诺夫哲学著作选集》第1卷，生活·读书·新知三联书店1959年版，第732页。

出提高工人阶级自觉性的问题。普列汉诺夫说:"发展工人的自觉是马克思和恩格斯一开始从事社会活动就提出的直接的实际任务。"①在普列汉诺夫看来,晚年恩格斯更加重视对于社会意识反作用的探索,这对于唯物史观来说是非常重要的,唯物史观既承认经济、政治对于社会意识的决定作用,也承认社会意识对于经济、政治的反作用。这种反作用根源于人类社会生产力与生产关系、经济基础与上层建筑之间的基本矛盾。生产力是社会发展的根源,但是,在社会形态的具体更替过程中,并不是由生产力的发展直接决定的,它必须通过生产关系的变革,从而引起政治斗争,并通过政治斗争来实现。而政治斗争是通过社会意识的指导实现的,在普列汉诺夫看来,"经济发展的一个转折点过渡到另一个转折点"是经过"自己的概念的一系列变革"②来实现的,"革命运动"是由"革命的理论"引导实现的③。"革命的理论"只有代表先进阶级利益的时候,革命的理论才是"炸药"。他以社会主义为例指出,实现社会主义一方面需要"客观经济可能性",另一方面需要"工人阶级理解和意识到这个可能"④,这两个方面密不可分,缺一不可。但是,不能夸大社会意识的反作用,社会意识"归根到

① 《普列汉诺夫哲学著作选集》第 2 卷,生活·读书·新知三联书店 1961 年版,第 555—556 页。

② 《普列汉诺夫哲学著作选集》第 2 卷,生活·读书·新知三联书店 1961 年版,第 237 页。

③ 《普列汉诺夫哲学著作选集》第 1 卷,生活·读书·新知三联书店 1959 年版,第 98 页。

④ 《普列汉诺夫哲学著作选集》第 1 卷,生活·读书·新知三联书店 1959 年版,第 350 页。

底是由经济发展的行程所决定的"①。

3. 首次提出了社会心理理论

在这一时期普列汉诺夫提出了社会心理理论,在马克思主义文化发展史上,这是首次提出这一理论,它有利于阐明文化的特征和规律。对于什么是社会心理,普列汉诺夫并没有直接定义过。但是,从不同的角度概括过,主要表述为:"时代精神"②"思想状况"③"习惯、道德、感觉、观点、意图和理想"④"精神状况和道德状况"⑤"舆论"、"民意"、"风尚的潮流"⑥等。从上述可以看出,他认为社会心理是低层次社会意识,是日常生活中的经验、感觉等,没有经过系统化、理论化的归纳总结。在社会心理理论中,普列汉诺夫具体分析了社会心理的主要特征、发展规律等。

(1)社会心理的主要特征

社会心理具有自身特殊的特征,在普列汉诺夫看来,时代性、民族性、阶级性和职业性就是社会心理的主要特征。这主要表现

---

① 《普列汉诺夫哲学著作选集》第 3 卷,生活·读书·新知三联书店1962 年版,第 196 页。

② 《普列汉诺夫哲学著作选集》第 2 卷,生活·读书·新知三联书店1959 年版,第 273 页。

③ 《普列汉诺夫哲学著作选集》第 2 卷,生活·读书·新知三联书店1959 年版,第 272—273 页。

④ 《普列汉诺夫哲学著作选集》第 1 卷,生活·读书·新知三联书店1959 年版,第 715 页。

⑤ 《普列汉诺夫哲学著作选集》第 2 卷,生活·读书·新知三联书店1959 年版,第 186 页。

⑥ 《普列汉诺夫哲学著作选集》第 2 卷,生活·读书·新知三联书店1959 年版,第 66、323 页。

为:不同时代有不同时代的独特心理,不同民族有不同民族的独特心理,不同阶级有不同阶级的独特心理,从事不同行业的人们有不同的行业心理。

首先,社会心理具有时代性特征。在普列汉诺夫看来,时代性是社会心理的一个重要特点。在不同的历史时期,经济和政治的性质和发展水平不同,也就有了不同的道德、习惯、风俗、风尚等。社会心理是随着时代形势的变化而不断发生变化的。普列汉诺夫以法国资产阶级为例,他指出法国资产阶级在不同的历史时期,具有不同的社会心理,其中两个最不相同时期是:一个是模仿贵族时期,另一个是反对模仿贵族时期。不同的阶级,在不同的历史时期,其经济政治发展程度不同,具有不同阶级的时代心理。不同的行业,在不同的历史时期,其经济政治程度不同,具有不同行业的时代心理。不同的民族,在不同的历史时期,由于经济政治发展程度不同,具有不同民族的时代心理。普列汉诺夫认为"法国人的性格是爽朗的",但是,民族性格是随着经济、政治的变化而不断变化的,到了法国的尤利安皇帝时代,这时的法国人"就是严谨的、认真的"①。因此,社会心理是随着时代的经济、政治条件的变化而不断发生变化的。

其次,社会心理具有阶级性特征。在普列汉诺夫看来,阶级性特征是社会心理的一个重要特征。在阶级社会,不同时代不同阶级具有不同的阶级心理。一定阶级的阶级心理是该阶级的整体

———————

① 《普列汉诺夫哲学著作选集》第 1 卷,生活·读书·新知三联书店1959 年版,第 112 页。

或大部分成员的总体特征。不同阶级的经济发展水平不同,政治地位不同,就会有不同的阶级心理。一定阶级的阶级心理反映该阶级的经济发展水平和政治地位。在普列汉诺夫看来,市民的社会心理不同于农民的社会心理,资产阶级的社会心理不同于无产阶级的社会心理。但是,即使不同的阶级在一定的时代,由于民族性和行业性不同,也会有不同的社会心理;即使相同阶级在相同的时代,由于民族性和行业性不同,也会有不同的社会心理。

再次,社会心理具有民族性特征。普列汉诺夫强调在特定的时代,不同的国家民族具有各自不同特点的民族心理;在不同的时代,同一民族也会有不同的民族心理。不同的民族,由于经济、政治发展不同,就形成了不同的民族心理。普列汉诺夫认为不同的国家即使政治体制相同,由于经济发展水平不同,也会形成不同的民族心理;不同的国家即使经济发展水平相同,政治体制相同,由于历史发展环境不同,也会形成不同的民族心理。在他看来,不同国家即使国家性质相同,但是由于经济发展水平不同,那么就会产生不同的"智慧和道德风习得的状态",其外在表现就是"民族文学、艺术、宗教、哲学不同"①。也就是说,法国人喜欢的,英国人则不一定喜欢;德国人感动的,法国人则很淡定。因此,在一个国家,虽然时代不同、阶级不同、行业不同,但是依然会有相同的民族心理。民族心理是一个国家、民族在历史发展过程中不断积累形成

---

① 《普列汉诺夫哲学著作选集》第 1 卷,生活·读书·新知三联书店1959 年版,第 732 页。

的社会心理。民族心理主要表现为民族的风俗、爱好、礼仪等的共同性,每个民族的心理具有不同的独特民族特色。

最后,社会心理具有行业性特征。普列汉诺夫非常重视分析社会心理的行业性特征。在人们的经济、政治生活中,由于人们所从事行业的不同,就会产生不同行业的心理特征。从事政治活动的人对社会发展变化非常敏感,从事写作的人会对社会生活的感受更加敏感。不同的行业特点会使从事不同行业的人具有不同的社会心理。从事工商贸易的商人不同于农民的社会心理,从事生产的工人不同于工厂主的心理。"战士的习惯和趣味并不是僧侣的,'有闲者'的趣味和习惯也不是农夫和工匠的。"①因此,行业心理的不同是由于从事不同行业特点的实际工作的不同所造成的。

（2）社会心理的发展规律

社会心理具有相对独立的发展规律,普列汉诺夫认为模仿规律、对立规律、节奏规律、对称规律是社会心理的基本规律。他认为探讨社会心理规律对于研究意识形态的起源具有重要的意义,对于理解社会发展规律具有重要的意义。他强调说:"一旦谈到了社会心理学,我就必须请你注意它的若干规律。"②普列汉诺夫非常重视研究社会心理的基本规律,并给予了社会心理规律以唯物史观的阐释。

---

① 《普列汉诺夫哲学著作选集》第1卷,生活·读书·新知三联书店1959年版,第112页。
② 曹葆华译:《普列汉诺夫美学论文集》,生活·读书·新知三联书店1983年版,第931页。

首先,模仿规律。模仿是人类的一种技能。人类社会存在着模仿心理,模仿心理是随着人类社会的发展而不断向前发展的。在原始社会,狩猎生活是人们的社会生活方式,模仿动物的行为成为人们的一种重要心理倾向。这种模仿的例子很多:为模仿反刍动物而拔掉或锉短自己的门牙;为模仿动物动作而创作的澳洲土著人的袋鼠舞等。原始社会的模仿主要是对于周围事物的直接模仿。到了阶级社会,由于经济、政治、文化的迅速发展,人们对于周围事物的模仿不再是直接地模仿,而是发展成为仿生学研究。这时,人们的模仿主要体现在人类社会内部的模仿。首先,同一国家、民族、阶级、行业内部存在互相模仿,社会风俗、社会情感、社会思潮在一个国家、民族、阶级、行业内部流行,从而形成一定的群体心理。其次,在不同国家、民族、阶级、行业之间存在着互相模仿,特定时期的经济和政治发展状况决定了这种互相模仿的程度,正如普列汉诺夫所说的:"虽然人无疑地有强烈的模仿的倾向,但是这种倾向只是在一定的社会关系中。"①

其次,对立规律。对立规律是社会心理的一个重要规律,在普列汉诺夫看来,"对立"是那些"与平常生活中认为自然的、必要的、有益的和快适的行动恰恰相反的行动"②。对立规律对于艺术的发展具有重要的影响。在原始社会,社会心理的对立规律影响着人们的审美趣味。普列汉诺夫举例说,非洲塞尔冈比亚富有的

---

① 曹葆华译:《普列汉诺夫美学论文集》,生活・读书・新知三联书店1983年版,第321—322页。

② 曹葆华译:《普列汉诺夫美学论文集》,生活・读书・新知三联书店1983年版,第326页。

黑人妇女为了表现出与贫穷妇女的不同,她们走路的时候穿不合脚的小鞋以扭捏的姿态走路。之所以出现不同,从根源上来看在于经济状况的不同,即"社会原因所引起的,即塞内冈比亚黑人中间存在着的财产不平等所引起的"①。到了文明社会,阶级对立出现,因而也就引起了阶级心理的对立。因此,文明社会的社会心理对立规律表现得更加突出。在普列汉诺夫看来,英国的斯图亚特王朝时代的阶级心理对立就是典型的例子,由于当时的贵族阶级与资产阶级之间的阶级斗争激烈,因此,这种阶级对立性表现在社会心理上,就是这两个阶级之间表现出对立的心理,即贵族阶级的奢侈、浪费的恶习与资产阶级勤劳、节俭的美德之间的截然对立。普列汉诺夫认为这种社会心理对立的根源在于两大阶级之间的经济、政治地位的不同,即"这种相关的变化归根到底是由社会原因引起的"②。

再次,节奏规律。节奏规律也是社会心理的一种规律,普列汉诺夫认为人体存在节奏,这种生理节奏存在一定的规律,正如人体的生理规律一样,人的心理也存在着规律。人体的这种生理和心理规律是由人类的社会实践决定的。在原始社会,人们在生产劳动过程中随着劳动节奏的变化决定了心理节奏的变化。在普列汉诺夫看来,"人的本性(人的神经系统的生理本性)给了他以觉察节奏的音乐性和欣赏它的能力,而他的生产技术决定了这种能力

---

① 曹葆华译:《普列汉诺夫美学论文集》,生活·读书·新知三联书店 1983 年版,第 327 页。

② 曹葆华译:《普列汉诺夫美学论文集》,生活·读书·新知三联书店 1983 年版,第 328 页。

后来的命运。①"也就是说,随着社会实践的发展,人的心理节奏也在不断地向前发展,并得到进一步的完善。

最后,对称规律。对称规律是社会心理规律的一种形式。在普列汉诺夫看来,人和动物的身体自身是对称的,因而,人们往往以对称心理去衡量外在事物。在原始社会,狩猎是人们的主要生活方式。狩猎的生活方式决定了人们欣赏动物的对称性。他认为:"虽然欣赏对称的能力也是自然赋予我们的。"②但是,他同时强调这种欣赏对称的能力是由原始人的生活方式决定的。因此,可以说,在人类社会发展过程中,人们长期受到对称事物的影响,从而形成对称心理。

从上述社会心理的规律可以看出,社会心理规律具有心理学的成分,但是,普列汉诺夫把它们树立在坚实的社会生活之上,给予了社会心理以坚实的唯物史观的基础。

4. 丰富和发展了地理环境理论

马克思、恩格斯创立了历史唯物主义的地理环境学说,唯物辩证地分析了地理环境对人类社会发展的作用。马克思在《资本论》中就指出了原始社会中地理环境对于人类社会发展的作用,他明确指出自然环境对于社会生产、社会生活具有一定的影响作用。③

---

① 曹葆华译:《普列汉诺夫美学论文集》,生活·读书·新知三联书店1983年版,第341页。

② 曹葆华译:《普列汉诺夫美学论文集》,生活·读书·新知三联书店1983年版,第355页。

③ 《马克思恩格斯全集》第23卷,人民出版社1972年版,第390页。

　　恩格斯在《家庭、私有制和国家的起源》中则指出了在原始社会解体后地理环境对于人类社会发展的作用,随着文明社会的到来,他说:"我们达到了这样一个阶段",那就是"这时两大陆自然条件上的差异,就有了意义。"①正是由于这种差异,从此,东方和西方走上了不同的发展道路,而各个不同阶段的标志也就发生了不同。

　　在马克思、恩格斯理论基础上,普列汉诺夫进一步丰富和发展了马克思主义地理环境理论。他阐明了地理环境对于人类社会发展的重要影响,其中包括地理环境对于文化发展的影响。普列汉诺夫的这一地理环境论,有利于深刻地揭示地理环境以生产力为中介作用于文化的理论。在《尼·加·车尔尼雪夫斯基》《论一元论历史观之发展》和《马克思主义基本问题》等著作中,他深入分析了地理环境对于文化发展的作用,其特色之处主要表现在两个方面:一个方面是,提出了地理环境通过生产力作用于文化的理论。普列汉诺夫以历史唯物主义为理论基础,明确提出劳动实践是人与自然相互作用的中介,而地理环境通过生产实践作用于人类社会,他说:"不管怎样,动物学是把它那已经具有发明和使用原始工具所必需的能力的 homo 移交给历史了。因此历史所应该做的事,只是追寻人工器官的发展,揭露人工器官对精神发展的影响,正如动物学对自然器官所做的一样。"②他认为马克思主义的

①　《马克思恩格斯全集》第 28 卷,人民出版社 2018 年版,第 76 页。
②　《普列汉诺夫哲学著作选集》第 2 卷,生活·读书·新知三联书店 1961 年版,第 167 页。

地理环境论与地理学派的"地理环境决定论"的根本区别在于是否承认生产力的中介作用。"地理环境决定论"的错误在于忽视自然对生产力的作用,而且是通过生产力作用于人类社会的生产关系以及思想上层建筑。① 另一个方面是,提出了地理环境是可变量理论。普列汉诺夫辩证地说明了地理环境与文化发展的关系,他认为不同的国家由于生产力发展水平和阶段不同,则地理环境对于文化发展的作用也就不同。地理环境是可变的量,它随着生产力的发展而不断变化,从而对文化产生不同的影响,他说:"被地理环境的特性所决定的生产力的发展,增加了人类控制自然的权力,因而使人类对于周围的地理环境发生了一种新的关系。现在英国人对于这种地理环境的反应自然同恺撒时代移居英国的部落对于这种环境的反应完全不同。"②他还进一步地指出,地理环境对于文化发展不起决定作用的原因是地理环境自身也是由生产力决定的。

5. 提出了个人在历史上的作用理论

普列汉诺夫提出了个人在历史上的作用理论,有利于阐释文化发展的主体。在普列汉诺夫看来,个人在历史上具有重要作用,实际上,他也就阐明了个人在文化发展中的作用。首先,普列汉诺夫提出人民群众是历史的创造者。唯物史观相信人民群众创造了经济、政治和文化,推动了社会历史不断向前发展。普列汉诺夫认

---

① 《普列汉诺夫哲学著作选集》第 1 卷,生活·读书·新知三联书店 1961 年版,第 484 页。

② 《普列汉诺夫哲学著作选集》第 3 卷,生活·读书·新知三联书店 1961 年版,第 170—171 页。

为个人不能创造历史,如果认为个人能够创造历史,那么,客观历史进程会把这种努力化为乌有,人民群众才是历史的真正创造者,他说:"是广大人民群众在创造历史"。① 在革命中,人民群众是革命成功的决定力量,普列汉诺夫以近代西欧历史举例说明了:捣毁巴士底狱的是人民群众;在1830年7月和1848年2月在街垒中进行了搏斗的是人民群众;打败了柏林的专制政体的是人民群众;推翻维也纳的梅特涅的是人民群众。他指出:"是人民,人民,人民,也就是说,是贫穷的劳动阶级,即主要是工人……任何诡辩都不能从历史上抹掉这一事实,即西欧各国争取本国政治解放的斗争中起着决定作用的,是人民,并且只有人民。"②其次,尽管普列汉诺夫强调人民群众是历史的创造者,但是他并没有否认个人在历史发展中的作用,即没有否认伟大历史人物的作用,他说:"普通人和伟大的'命运的当选人'都有应得位置。"③关于历史人物,他说:"'伟大'一语是个相对的概念。在道义方面说,每一个如圣经上所说愿意'舍己为人'的人都是伟大的。"④伟大历史人物应该具备普通人不具备的特点,伟大历史人物见识卓远,理想远大,能够急社会之所急,忧社会之所忧,具

---

① 《普列汉诺夫哲学著作选集》第2卷,生活·读书·新知三联书店1961年版,第736页。

② 转引自维·福明娜:《普列汉诺夫的哲学遗产》,上海人民出版社1957年版,第44页。

③ 《普列汉诺夫哲学著作选集》第3卷,生活·读书·新知三联书店1962年版,第199页。

④ 《普列汉诺夫哲学著作选集》第2卷,生活·读书·新知三联书店1961年版,第375页。

有历史担当。伟大历史人物发挥重要历史作用是由当时的客观历史需要决定的,伟大历史任务的个性特征"使他自己最能致力于当时在一般和特殊原因影响下所发生的伟大社会需要"①。普列汉诺夫对于个人在历史上的作用的阐述具有重要的意义,为阐明唯物史观的人类社会变化发展(包括文化发展)的主体理论作出了重大的贡献。

二、从 1898 年到俄国社会民主工党第二次大会之前的文化理论(1898—1903)

19 世纪末 20 世纪初,马克思主义理论得到了广泛的传播,但是,在这过程中,马克思主义理论本身也面临各种资产阶级和小资产阶级思潮的挑战。这些思潮主要包括:修正主义思潮、经济主义思潮、"合法马克思主义"思潮、无政府主义思潮等。普列汉诺夫在这一时期,积极应对这些社会思潮的挑战,撰写了一系列重要的理论著作,及时抨击了这些错误的社会思潮。

当时的马克思主义理论界也出现了一些对马克思主义唯物史观理论的解读和理解错误,以及出现了对唯物史观及科学社会主义理论妄加修正的机会主义。如当时的德国"青年派"把唯物主义当作标签和公式乱套乱用,而伯恩斯坦派则把马克思恩格斯的科学社会主义理论修正为放弃无产阶级革命和无产阶级专政的议会道路,修正为"资本社会和平长入社会主义"的庸俗进化论等

----

① 《普列汉诺夫哲学著作选集》第 2 卷,生活·读书·新知三联书店1961 年版,第 373 页。

等。在这种理论环境下,针对资产阶级理论家对唯物史观理论的主要歪曲和篡改之点,针对那些对马克思主义唯物史观理论的错误认识,普列汉诺夫首先积极应战,在1898年,发表了《论所谓马克思主义的危机》的讲演,还撰写了《伯恩斯坦与唯物主义》《我们为什么应该感谢他》两篇文章,在1901年,撰写了《Cant反对康德或伯恩斯坦的精神遗嘱》。在这些文章中普列汉诺夫揭露了修正主义的本质,捍卫了马克思主义理论。

马克思主义理论在当时的广泛传播,也使得马克思主义理论的敌手不得不装扮成马克思主义者,他们以解读马克思主义为名对马克思主义理论进行大肆歪曲,以把他们的历史唯心主义观点强加于马克思和恩格斯。如当时流行并被资产阶级理论家用来反对唯物史观的"因素论",一些资产阶级学者故意把马克思的唯物史观歪曲为只承认经济因素决定作用的"经济唯物主义",以及俄国以米海洛夫斯基为代表的"主观社会学派"等。在1900年写成的《阶级斗争学说最初阶段》,就是普列汉诺夫反对经济主义的重要著作。

合法马克思主义又称"司徒卢威主义"。19世纪末在俄国资产阶级知识分子中流行的一种打着马克思主义旗号的资产阶级思潮,代表人物有司徒卢威、杜冈—巴拉诺斯基、布尔加柯夫等人。因其打着马克思主义的旗号,常在经沙皇政府准许的合法报纸杂志上发表言论,故列宁在《怎么办?》一书中称之为"合法马克思主义"。合法马克思主义从资产阶级立场出发,进行了反对民粹主义的斗争,指出俄国资本主义发展的必然性及其取代封建主义的进步性,因而起过一定的积极作用。但是,合法马克思主义者基于自己的阶级立场,总是把对民粹主义的批判变成对资本主义制度的美化,把资本主义奉为社会经济发展的典范,颂扬资产阶级,号召向这个已在西欧取代了封建贵族的阶级学习,并否认资本主义制度随着它的内在矛盾的发展必然走向灭亡的历史规律。他们披着马克思主义的外衣"批评马克思",把马克思的哲学歪曲成经济唯物主义,反对马克思的劳动价值论和剩余价值学说,宣扬"新康德主义"的庸俗政治经济学。1894年司徒卢威发表《俄国经济发展问题的批评意见》,着力歪曲马克思主义基本原理,被认为是合法马克思主义的代表作。20世纪初,合法马克思主义者与伯恩施坦主义者遥相呼应,共同攻击马克思主义。在1901年,为批判"合法马克思主义",普列汉诺夫发表了《对我们批判者的批判》,文中抨击了"合法马克思主义"的观点,指出他们把资本主义奉为社会经济发展的典范,颂扬资产阶级,否认资本主义制度随着它的内在矛盾的发展必然走向灭亡的历史规律,这是根本错误的。

从1890年出版《黑格尔逝世六十周年》开始,直到1903年俄国社会民主工党第二次大会之前的这一时期。一方面,普列汉诺夫提出的一系列独具特色的文化理论:社会结构理论、社会意识理论、社会心理理论、地理环境理论、个人在历史上的作用理论等,这些文化理论经历了从提出、发展、成熟,到最后以经典的形式论述的过程。之所以说普列汉诺夫的这些文化理论独具特色是因为:首先,它们坚持了马克思主义的基本原理和马克思、恩格斯文化理论的基本理论、基本方法,因此,可以说,这些理论是普列汉诺夫继承了马克思、恩格斯的文化理论;其次,这些文化理论是马克思、恩格斯的文化理论阐述不够成熟的或者说是阐述较少的,甚至没有论述的,但是,普列汉诺夫以马克思主义基本原理为指导,深入地阐发了这些文化理论,从而,丰富和发展了马克思主义文化理论。另一方面,这一时期各种反对马克思主义的思潮泛滥,普列汉诺夫积极应对挑战,从而捍卫了马克思主义理论的纯洁性。因此,这一阶段可以看成是普列汉诺夫文化理论的发展成熟期。

第三节　普列汉诺夫文化理论的进一步发展期(1903—1916)

自从 1903 年 11 月 7 日在《火星报》第 52 号上发表《不该这么办》为标志,普列汉诺夫政治上走向了机会主义;从 1914 年第一次世界大战爆发后,他则走向了社会沙文主义。尽管这一阶段普列汉诺夫政治上犯了错误,但是他对于文化理论的研究并没有止步,而且进一步深化了对于文化理论的认识。其重要标志就是他开始以成熟期的文化基本理论作为指导,具体研究了艺术、宗教、俄国文化等理论,从而扩大了文化理论的外延,也进一步验证了其文化基本理论的正确性。因此,这一时期可以说是普列汉诺夫文化理论进一步发展期。但是,普列汉诺夫在政治上的失足却一定程度上阻碍了其对于文化理论的创造性发展。

一、普列汉诺夫进一步扩充了文化理论的内容

梳理这一时期的著作,可以看到普列汉诺夫的努力和贡献。

普列汉诺夫在 1904 年撰写了《艺术讲演提纲》,1905 年撰写了《从社会学观点论十八世纪法国戏剧文学和法国绘画》和《无产阶级运动和资产阶级艺术》,1906 年撰写了《亨利克·易卜生》,1907 年撰写的《马克思主义基本问题》,1909 年撰写的《尼·加·车尔尼雪夫斯基》和《论俄国所谓宗教探寻》,1912—1913 年的《艺术与社会生活》,再到 1909—1915 年写成了《俄国社会思想史》。通过梳理可以看出,这一时期他主要是以成熟期形成的基本理论作为指导,具体研究了艺术、宗教、俄国文化等理论。

1. 关于艺术

艺术理论是普列汉诺夫文化理论的重要组成部分,在《没有地址的信》《艺术讲演提纲》《从社会学观点论十八世纪法国戏剧文学和法国绘画》《无产阶级运动和资产阶级艺术》《亨利克·易卜生》《尼·加·车尔尼雪夫斯基》和《艺术与社会生活》的著作中,都有其对于艺术的看法,这主要包括艺术的起源与发展、内涵与特征等。

(1)艺术的起源与发展

普列汉诺夫立足于唯物史观,明确提出艺术起源于劳动。首先,唯物史观是探索艺术起源的理论基础,他说:"在原始社会的意识形态中间,现在研究得很好的要算是艺术。在这方面,已经搜集了极丰富的材料,这些材料极明白和极可信地证明了唯物主义历史观的正确性和所谓不可避免性。"①其次,劳动是艺术的起源。

① 《普列汉诺夫哲学著作选集》第 3 卷,生活·读书·新知三联书店 1961 年版,第 174—175 页。

普列汉诺夫认为解决艺术的起源问题，关键在于"解决劳动和游戏——或者也可以说，游戏和劳动——的关系问题"。① 劳动和游戏二者谁究竟是根源呢？他进一步指出说："很明显，功利活动先于游戏，前者'先于'后者。"②在普列汉诺夫看来，人类最初的生产劳动是艺术产生的基础，是艺术的起源。以诗歌为例，他指出："诗歌的秘密是在于生产活动之中。"③以舞蹈为例，战争舞蹈是原始人战争场面的反映，他指名说："首先是野蛮人在战争中负伤的伙伴的死亡所给他的印象"，战争舞蹈是"再现这种印象的冲动"。④ 可见，战争是野蛮人战争物的来源。以原始绘画为例，原始社会的生产和经济活动通过艺术反映出来，他指出原始绘画是以"有用物品的生产和一般的经济活动"作为前提的，这种劳动还决定了"原始狩猎者的艺术活动的性质"。⑤ 楚克奇人的"狩猎生活的不同的场面"通过他们的图画描绘出来，首先有从事狩猎的活动，然后才有狩猎图画。布什门人的图画也是他们的狩猎生活的反映，首先也是因为狒狒、象、河马、雁等动物在布什门人的"狩猎生活中起着巨大的决定性的作用"，然后他们"在图画中再现了

---

① 《普列汉诺夫美学论文集》第 1 册，曹葆华译，人民出版社 1983 年版，第 373 页。

② 《普列汉诺夫美学论文集》第 1 册，曹葆华译，人民出版社 1983 年版，第 375 页。

③ 《普列汉诺夫哲学著作选集》第 3 卷，生活·读书·新知三联书店 1961 年版，第 176 页。

④ 《普列汉诺夫美学论文集》第 1 册，曹葆华译，人民出版社 1983 年版，第 377 页。

⑤ 《普列汉诺夫美学论文集》第 1 册，曹葆华译，人民出版社 1983 年版，第 394—395 页。

自己的狩猎"。① 普列汉诺夫总结说"首先是原始人进行狩猎活动,然后才使他们产生了要描绘这些动物的冲动"②。因此,普列汉诺夫以唯物史观为理论基础,科学地阐明了艺术的真正起源问题,明确指出劳动是艺术的真正起源,即首先是人们"从功利观点来观察事物和现象",然后才有了"站到审美的观点上来看待它们"。③

在普列汉诺夫看来,艺术是随着社会经济的发展而不断向前发展的,他强调说:"精神发展方面和社会发展方面的任何杰出的工作者的'个性',都是属于偶然性之列,这些偶然性的出现丝毫没有妨碍人类智力发展的'中间'线,是同人类经济发展并行前进的。假使爱柳塞罗浦罗斯把马克思的历史理论仔细地思索一下,而少去关心创造自己的'希腊理论',那么他一定会很好地弄清楚这一点的。"④弗兰茨·费海德尝试用唯物主义观点来说明人类文化的,费海德说道:"依据占统治地位的生产方式以及由这种生产方式所决定的国家形式,人的悟性是朝向一定的方面的,而且为其他东西所不能及的。因此,每一种交体(在艺术上。——普列汉诺夫)的存在,要以这样一种人的存在为前提,这种人是在完全确

① 《普列汉诺夫美学论文集》第 1 册,曹葆华译,人民出版社 1983 年版,第 394—395 页。

② 《普列汉诺夫美学论文集》第 1 册,曹葆华译,人民出版社 1983 年版,第 394—395 页。

③ 曹葆华译:《普列汉诺夫美学论文集》第 1 册,人民出版社 1983 年版,第 395 页。

④ 《普列汉诺夫哲学著作选集》第 3 卷,生活·读书·新知三联书店1961 年版,第 193 页。

定的政治条件下生活的,是在完全确定的生产关系下从事生产的,而且有着完全确定的理想。有了这些原因,人类就造成适应于这些原因的文体,其天然的必然性和不可避免性正像太阳一出麻布之变成白色,溴化银之变成黑色,云隙中之出现美丽的虹一样,而太阳正是这些结果的原因。"①普列汉诺夫认为这种研究过于公式化,只有马克思主义才能使他们避免公式主义。

经济发展在不同的历史发展阶段对于艺术的影响是不一样的。在原始社会,社会经济发展对于艺术发展具有直接决定作用。在普列汉诺夫看来,原始社会的劳动"直接影响着他的世界观和他的审美趣味"②。以装饰术为例,他说:"装饰术的动机来自技术而舞蹈——在原始社会中几乎是最重要的艺术——常常只是生产过程的简单的重演。"③因此,普列汉诺夫认为原始社会的生产劳动对于艺术发展的直接决定作用。

到了阶级社会,经济活动对于艺术不再是直接起决定作用,社会心理在这过程中起到了中介的作用。普列汉诺夫强调说到了阶级社会,生产活动是间接影响于艺术。他认为如果澳大利亚土著妇女的舞蹈是直接再现她们"采集野生植物根茎生产劳动"④;但

---

① 《普列汉诺夫哲学著作选集》第3卷,生活·读书·新知三联书店1961年版,第194页。

② 《普列汉诺夫哲学著作选集》第3卷,生活·读书·新知三联书店1961年版,第185页。

③ 《普列汉诺夫哲学著作选集》第3卷,生活·读书·新知三联书店1961年版,第185页。

④ 《普列汉诺夫哲学著作选集》第3卷,生活·读书·新知三联书店1961年版,第185页。

是,到了18世纪法国的舞蹈就不再是生产劳动的直接再现,因为这时的跳舞的贵族妇女是从事生产劳动的,在这里,经济发展对于艺术不再是直接的决定作用,而是发挥社会心理的"中间因素"作用。这里所说的社会心理对于艺术的"中间因素"作用,是限定于社会意识范围之内而言的。社会心理对于艺术的这种作用主要表现在以下几个方面:首先,艺术反映了特定时代的社会心理,它是特定时代社会经济、政治活动的反映。普列汉诺夫认为优秀作品表现的是"整个社会阶级或者至少是整个社会阶层的心理",它也就是"历史运动的反映"。[①] 其次,社会心理对于选择文学作品的题材具有重要意义,他以17、18世纪社会心理对于法国的戏剧和绘画题材的选择制约作用为例,说明了这种社会心理的这种决定作用。再次,艺术社会心理的变化而不断发生变化。艺术的时代风格的变化反映着不同时代的社会心理,在普列汉诺夫看来,路易十四、路易十五时代到法国大革命前夕艺术风格的变化与社会心理变化关系密切,因此,从意识范围来看,可以说,社会心理对于艺术风格的决定作用。

（2）艺术的内涵

艺术的内涵是普列汉诺夫非常关注的一个重要问题。在《没有地址的信》中,普列汉诺夫提出回答"什么是艺术"是首要的问题,对于艺术的定义应该精确地研究,应该严格地下定义。他指出托尔斯泰把艺术看成是人们之间的交往手段,只是人们传达感情

---

① 《普列汉诺夫哲学著作选集》第5卷,生活·读书·新知三联书店1984年版,第187页。

的手段,这种定义缺乏现实依据,存在一定的缺陷。在普列汉诺夫看来,艺术来源于社会生活,并是对社会生活的反映,但是,艺术是经过艺术家加工创造后对于社会生活的间接反映。普列汉诺夫说:"决不是'上层建筑'的一切部分都是直接地从经济基础中成长起来的,艺术同经济基础只是间接地发生关系的。因此,在讨论艺术时必须考虑到中间环节。"①艺术是立足于经济基础之上的"社会意识形态上层建筑",它受经济条件的制约。普列汉诺夫把意识形态划分为"低级意识形态"和"高级意识形态"。艺术属于高级的社会意识形态。"低级意识形态"就是距离经济基础较近的,能够直接反映经济基础的,主要包括道德、法律、政权等;"高级意识形态"就是距离经济基础较远的,需要通过中间环节发挥作用,间接反映经济基础的,主要包括宗教、艺术、哲学等。②

（3）艺术的特征

阶级性特征是艺术的一个重要特征,在原始社会,生产劳动对于艺术具有直接的决定作用,但是,在阶级社会,生产劳动对于艺术的影响是间接的,必须考虑到阶级斗争等中间因素的作用,阶级斗争对于艺术具有巨大的影响。阶级斗争对于艺术的影响是间接的,是通过阶级心理发挥作用的。阶级斗争的剧烈程度不同,其对于阶级心理的影响程度也就会不同。研究阶级社会的艺术必须考虑到阶级性的影响,如果仅仅考虑经济发展的影响,那么艺术就变

---

① 《普列汉诺夫哲学著作选集》第1卷,生活·读书·新知三联书店1961年版,第720页。

② 《普列汉诺夫哲学著作选集》第1卷,生活·读书·新知三联书店1961年版,第720页。

得不可理解。在《从社会学的观点论十八世纪的法国戏剧文学和法国绘画》一文中，普列汉诺夫指出必须重视阶级斗争对于艺术的影响。他认为中世纪的法国主要是盛行与普通民众的审美相符合的滑稽戏；到了 17 世纪中叶，这时的法国主要盛行与宫廷贵族趣味相符合的古典主义悲剧；到了 18 世纪末，盛行与第三等级愿望相符合的喜剧。普列汉诺夫还以 18 世纪法国绘画界的大卫学派为例指出，只考虑经济发展的影响，那么这个学派的绘画艺术将变得不可理解，如果考虑到法国大革命的影响，那么就会非常理解他们的绘画艺术，他说："大卫绘画中那些似乎同社会经济离得很远，以致同社会经济完全无关的品质，你也会完全明白了。"①普列汉诺夫非常肯定阶级斗争对于艺术的影响，但是，他并没有忽视经济发展对于艺术的归根到底的决定作用，他指出艺术从根本上来说"是由他们的社会地位来决定的"。②

　　资产阶级"为艺术而艺术"的思想在当时流行起来，普列汉诺夫以唯物史观作为理论指导，批判了这种纯粹艺术思想。他明确指出资产阶级艺术是资产阶级利益的代表，宣扬纯粹艺术的思想家他们本身就是资产阶级利益的代表。他们宣扬纯粹艺术的目的就是维护资产阶级统治，反对艺术为广大劳动群众服务。

　　对于艺术的阶级性分析，普列汉诺夫并不是简单的分析，而是立足于唯物辩证法的分析。在普列汉诺夫看来，一方面，从艺术的

---

①　《普列汉诺夫哲学著作选集》第 3 卷，生活·读书·新知三联书店 1961 年版，第 187—188 页。

②　《普列汉诺夫哲学著作选集》第 3 卷，生活·读书·新知三联书店 1961 年版，第 187 页。

思想内容来看,艺术具有政治性、阶级性;从艺术的形式来看,艺术具有审美性。艺术分析既要分析艺术作品的思想内容,也要分析艺术作品的表现形式。文艺批评家既是美学家,但也是思想家。①因此,我们可以看出,普列汉诺夫对于艺术分析的观点是立足于唯物辩证法进行的。与此同时,文艺批评本身也是科学性与政治性的统一。文艺批评家的活动也是具有政治倾向性的,文艺批评家的分析立场只有代表先进阶级的利益时,那么这种评价才是科学的。优秀的文艺批评就应该是科学性与政治性的统一体。②

(4)艺术的命运

资产阶级艺术的命运问题也是普列汉诺夫关注的重要问题。在普列汉诺夫看来,在资本主义发展的初期,资产阶级艺术起到了积极的作用。但是,随着资产阶级在经济方面出现经济危机,资产阶级思想的落后性开始显现,资产阶级艺术与社会主义革命思潮之间出现矛盾。因此,可以看出,普列汉诺夫认为资本主义艺术随着社会的发展必将走向灭亡。与此同时,普列汉诺夫也指出真正具有生命力的艺术是具有积极进步的内容和恰当的表现形式的统一体。他还进一步指出无产阶级的艺术就是这种统一体,它能够表达人们对于美好生活的向往,它能够给人们以激励。在资本主义社会,无产阶级的艺术既能够揭示人民的真实生活状况,又能激励人民进行反抗斗争。在普列汉诺夫看来,俄罗斯诗人涅克拉索

---

① 普列汉诺夫:《车尔尼雪夫斯基的美学理论》,《文艺理论译丛》1958 年第 1 期,第 104 页。

② 普列汉诺夫:《车尔尼雪夫斯基的美学理论》,《文艺理论译丛》1958 年第 1 期,第 104 页。

夫就是这样的无产阶级艺术家,他的作品就揭露了人民受压迫的生活,其内容积极向上,其表现形式恰当。紧接着,普列汉诺夫也明确指出:"随着无产阶级革命的到来,资产阶级的艺术必然被无产阶级的艺术所代替。"①

2. 关于宗教

在《唯物主义历史观》《评弗·吕根纳的一本书》《科学社会主义和宗教》《论俄国所谓宗教探寻》等著作中,普列汉诺夫以唯物史观的社会存在与社会意识的辩证关系原理作为指导,深入探讨了宗教的定义、宗教的产生与消亡、宗教的社会作用等。

(1)宗教的理论基础

社会存在决定社会意识是唯物史观的基本原理,在普列汉诺夫看来,这一原理是进行宗教研究的理论基础。在《科学社会主义和宗教》演讲中,他指出:"不是意识决定存在,而是存在决定意识",宗教作为一种思想体系从根本上说也是"经济发展的结果"②。具体地说,就是"关于神的作用的不同观念,是与经济发展的每一个阶段相适应的"③,"宗教的进化决定于经济的进化"④。举例罗马神话中的丘比特之神,普列汉诺夫认为在最开始

---

① 普列汉诺夫:《无产阶级运动和资产阶级艺术》,《文艺理论译丛》1957 年第 1 期,第 142—143 页。

② 《普列汉诺夫哲学著作选集》第 3 卷,生活·读书·新知三联书店1962 年版,第 60—61 页。

③ 《普列汉诺夫哲学著作选集》第 3 卷,生活·读书·新知三联书店1962 年版,第 62 页。

④ 《普列汉诺夫哲学著作选集》第 2 卷,生活·读书·新知三联书店1962 年版,第 753 页。

的时候丘比特只是象征着明朗的天;随着经济的发展,种植业和畜牧业开始盛行,这时丘比特就成了种植的庇护神;随着经济的进一步发展,工商贸易盛行,丘比特又成了工商贸易的守护神。从上述可以看出,普列汉诺夫是以唯物史观的社会存在与社会意识的基本原理作为理论基础进行宗教研究的。因此,可以说,普列汉诺夫的宗教研究从性质上来看,它属于马克思主义宗教研究的范畴。

（2）宗教的定义

在普列汉诺夫看来,"什么是宗教"的问题是一个非常值得重视的问题。对于这一问题,普列汉诺夫一直在探索,但是,直接回答"什么是宗教"的问题是在《论俄国的所谓宗教探寻》中。在这篇著作中,他明确指出:"可以给宗教下一个这样的定义:宗教是观念、情绪和活动的相当严整的体系。观念是宗教的神话因素,情绪属于宗教感情领域,而活动则属于宗教礼拜方面,换句话说,属于宗教仪式方面。"①在定义中,普列汉诺夫把"宗教情绪""宗教观念""宗教活动"看成是宗教的三个基本组成部分。之所以进行这种宗教因素划分,这时普列汉诺夫批判当时盛行的"寻神论"和"造神论"的需要。他认为"寻神论"和"造神论"产生根本原因就在于人们对于宗教的错误看法。在这里,普列汉诺夫认为宗教既属于意识形态,又属于社会心理。进一步深化了对于宗教的认识,这具有重要的意义。但是这一定义也存在着缺点,相比于恩格斯

---

① 《普列汉诺夫哲学著作选集》第 3 卷,生活·读书·新知三联书店1962 年版,第 426 页。

的宗教定义,缺乏对于宗教的世俗内容,宗教的虚假的观念的揭示,容易造成对于宗教人类学的误会。

（3）宗教的起源和消亡

以马克思主义宗教理论的基本观点作为指导,立足于当时的现实斗争,普列汉诺夫认真探讨了宗教的演变问题。由于1905年俄国革命的失败,知识分子心理空虚,由此俄国"寻神论"和"造神论"盛行起来。普列汉诺夫为揭露"寻神论"和"造神论"的真实面目,深入地研究了宗教的起源和灭亡问题。

关于宗教的产生,普列汉诺夫认为宗教崇拜根源于万物有灵崇拜,因此,万物有灵的起源可以看成是宗教的起源。在他看来,"灵魂和肉体对立的观点"①是万物有灵论产生的基础。万物有灵论的基本观点是"相信一个或数个'超自然'力量的存在"②。万物有灵论产生的根本原因在于狩猎经济的发展,也就是在于"原始人进行生存斗争时所处的技术条件"。③ 原始社会生产力发展落后,人们对于大自然的控制力很弱,人们不了解自然现象,原始人头脑中就会出现各种幻想,于是就产生了万物有灵论。

关于宗教的消亡,普列汉诺夫认为宗教的消亡问题是马克思主义宗教理论关注的一个重要问题。他特别深入探讨了宗教消亡

---

① 《普列汉诺夫哲学著作选集》第3卷,生活·读书·新知三联书店1962年版,第369页。

② 《普列汉诺夫哲学著作选集》第3卷,生活·读书·新知三联书店1962年版,第411页。

③ 《普列汉诺夫哲学著作选集》第3卷,生活·读书·新知三联书店1962年版,第373页。

的必然性和可能性。从宗教消亡的必然性方面来看,首先,从生产力的发展来说,生产力的发展是宗教消亡的根源,他说:"随着经验的扩大,随着人支配自然的能力的增长,不可知的事物的界限就缩小了,因为当人能够不靠祈祷而靠技术来发生影响时,他就不再祈祷";①其次,从生产关系的变化来看,生产关系的进一步发展促使宗教走向消亡,他指出:"人类的进步给宗教观念和宗教感情宣布了死刑判决"②;最后,从认识的发展来看,随着人类认识水平的不断提高,对于宗教的需求将消失,他说:"当人感觉到自己是自然界和自己的社会关系的主人的时候,对宗教的需求就会完全消失了。"③从宗教消亡的可能性来看,首先,从思想任务来看,无产阶级知识分子的任务是深刻揭露资产阶级利用宗教麻痹人民的真实面目,他说:"统治阶级把宗教看作是约束'群氓'的马勒、是绑在人民眼睛上的绷带。"④其次,从心理来看,需要对革命的前途树立信心,正是由于对于革命前途的失望才促使"寻神论"和"造神论"的泛滥。总之,普列汉诺夫认为随着科学的进步和社会的发展,超自然的观念就会随之消失,宗教也将消失。

① 《普列汉诺夫哲学著作选集》第 3 卷,生活·读书·新知三联书店 1962 年版,第 112 页。
② 《普列汉诺夫哲学著作选集》第 3 卷,生活·读书·新知三联书店 1962 年版,第 112 页。
③ 《普列汉诺夫哲学著作选集》第 3 卷,生活·读书·新知三联书店 1962 年版,第 62—63 页。
④ 《普列汉诺夫哲学著作选集》第 2 卷,生活·读书·新知三联书店 1962 年版,第 437 页。

（4）宗教的社会作用

宗教的社会作用是马克思、恩格斯重视的一个重要问题。原始宗教是原始人的世界观,在原始社会,宗教居于统治地位,它几乎是全部社会文化功能的承担者,对于生产力和生产关系的发展具有促进作用。在《论俄国的所谓宗教探寻》中,普列汉诺夫指出,原始社会图腾崇拜的宗教形式"促成并加强了原始猎人与某几种动物之间的某些关系,使狩猎社会的生产力得到极大的增长"①。进入阶级社会,宗教的社会作用主要表现在其消极方面,普列汉诺夫深刻揭示了宗教的消极作用。一方面,宗教成为维护统治阶级利益的统治工具,他指出统治阶级"以虚幻幸福款待人民群众,以便使他们不致干扰有产阶级的现实的幸福"②。另一方面,宗教阻碍科学的发展,普列汉诺夫说:"宗教观点在一定的社会基础上形成,他反过来又维护这种社会基础。谁抨击宗教,他就会动摇宗教的社会基础。因此,在涉及宗教信仰时,保守分子是决不会宽容的。他们更不会同意反对宗教。"③

3. 关于俄国文化

《俄国社会思想史》是普列汉诺夫运用马克思、恩格斯文化理论分析俄国文化发展史的重要著作。运用马克思主义基本文化理论来分析俄国文化发展史,这是把运用一般原理来分析俄国文化

---

① 《普列汉诺夫哲学著作选集》第 3 卷,生活·读书·新知三联书店1962 年版,第 656 页。

② 《普列汉诺夫哲学著作选集》第 2 卷,生活·读书·新知三联书店1962 年版,第 436—437 页。

③ 《普列汉诺夫哲学著作选集》第 3 卷,生活·读书·新知三联书店1962 年版,第 656 页。

的具体发展,是对马克思主义基本文化理论的具体应用,它标志着普列汉诺夫文化理论的进一步深化发展,也是对马克思、恩格斯文化理论的进一步发展。在普列汉诺夫看来,坚持和发展马克思恩格斯的理论,就必须研究他们很少研究过或根本没有研究过的历史发展方面,思想发展的历史就是非常重要的方面。由此,可以看出,他写作《俄国社会思想史》的原因就在这里,他的思想史研究的价值也在这里。

(1)以社会存在决定社会意识原理作为理论基础研究俄国社会思想史

在普列汉诺夫看来,自己是以社会存在决定社会意识的基本原理作为理论基础来研究俄国社会思想史的,他说:"在这部研究俄国社会思想史的著作里,我是从历史唯物主义的一个基本原理即不是意识决定存在,而是存在决定意识出发的。"①首先是以"那些决定俄国社会生活发展本身过程的空间与时间的客观条件"②出发,也就以地理环境为空间条件,以历史情况为时间条件出发考察俄国社会思想发展的。地理环境影响文化发展,它是通过生产力的发展影响政治关系的发展,进而影响到文化发展,"我坚信地理环境之影响该地人民性格,只能通过社会关系,而社会关系则根据地理环境对该地人民所支配的生产力的发展是阻碍还是加速,从而采取这样或那样形式"。以历史情况为时间条件出发

---

① 普列汉诺夫:《俄国社会思想史》第 1 卷,商务印书馆 1999 年版,第 7 页。

② 普列汉诺夫:《俄国社会思想史》第 1 卷,商务印书馆 1999 年版,第 7 页。

考察俄国社会思想发展,应该看到,在俄国历史进程中,彼得改革前,俄国的地理环境使得俄国生产力的发展与西欧相比,比较迟缓,这影响了俄国的政治制度的性质,也相应地影响了俄国文化的发展。彼得的改革使得俄国社会生活的欧化,同时必然带来了俄国文化的欧化。影响俄国的西欧文化本身也是不断发展变化的。在 1789 年以前,西方资产阶级同僧侣贵族和世俗贵族坚决斗争,它是革命的阶级,因此,西方资产阶级的文化也就是当时先进文化的代表;在 1789 年之后,西方资产阶级不再是革命的阶级,无产阶级开始登上历史舞台,成为了先进阶级的代表,1848—1849 年后,西方资产阶级变成了保守甚至是反动的阶级,他们的文化当然也是随着变化的,资产阶级的文化不再是先进文化的代表,而无产阶级成了先进文化的代表。1848 年后,改变了性质的西欧资产阶级文化传播于俄国,也影响到了俄国,影响到了俄国先进作家,也就是平民知识分子阶层的思想家的观点,使他们把各种不可调和的潮流混合在一起,犯了折中主义的毛病。

（2）以经济基础决定上层建筑原理作为理论基础研究俄国社会思想史

对于俄国社会思想史的研究,普列汉诺夫是从研究俄国社会关系发展史开始着手的,因为他认为"社会思想的发展过程,取决于社会生活的发展过程",因此,"在概述俄国社会思想之前,先对俄国社会关系的发展过程略抒所见"。① 在俄国历史进程中,俄国

---

①　普列汉诺夫:《俄国社会思想史》第 1 卷,商务印书馆 1999 年版,第 11 页。

社会的发展并不具有"完全特殊性",因为俄国历史进程"像西欧一样——经历过封建制度的阶段。此外,我们知道埃及、迦勒底、亚述、波斯、日本、中国——总之,东方所有,或差不多所有文明国家,都同样经历过同一阶段"。① 但是,俄国的发展具有"相对特殊性",因为"在俄国历史进程中,有些特点使它显然有别于所有西欧各国的历史进程,而与东方伟大专制国家发展过程相类似"。② 俄国社会发展的这种特殊性,必然表现在文化发展上,因此,普列汉诺夫说:"在这个俄国社会发展相对特殊性中、在这些次要的,但简直很重要的特点中,也应当找到我们思想发展中和在我们所谓国民精神中看到的特征的说明。"③在阶级社会,社会的发展过程取决于阶级的发展过程和相互关系。因此,俄国的历史发展的相对特殊性,"必须用组成俄国社会的各阶级的发展过程及其相互关系来解释"。④

（3）以地理环境的作用作为出发点研究俄国社会思想史

地理环境是通过生产力作用于社会心理的,普列汉诺夫认为:"地理环境的特性决定生产力的较快或较慢的发展,而生产力的发展程度则最终地决定整个社会制度,也就是决定社会环境的全

---

① 普列汉诺夫:《俄国社会思想史》第 1 卷,商务印书馆 1999 年版,第 13 页。

② 普列汉诺夫:《俄国社会思想史》第 1 卷,商务印书馆 1999 年版,第 14 页。

③ 普列汉诺夫:《俄国社会思想史》第 1 卷,商务印书馆 1999 年版,第 15 页。

④ 普列汉诺夫:《俄国社会思想史》第 1 卷,商务印书馆 1999 年版,第 15 页。

部特性,这种特性又制约着个别人们的意图、情感、观点,总之,整个心理状态。因此,地理环境对于个别人的影响,虽一度被认为是直接的,而实际上却只是间接的。"①俄国地理环境对俄国文化发展有重要的影响,俄国自然条件的单调性造成了职业单调性,阻碍了经济水平的提高,因而也阻碍了居民精神的发展。地理环境影响经济的发展,他引用马克思的话说:"不是土壤的绝对肥力,而是土壤的差异、它的自然产品的多样性,构成劳动分工的自然基础,迫使人们根据周围自然条件的多样性而使其自身的需要、能力、生产手段和生产方式多样化。"而经济发展又决定文化的发展,"经济发展决定社会的政治和精神的发展"。② "某一社会所拥有的生产力越是发展,则这个社会在经济发展的梯级上越高。在经济发展的梯级上升得越高,则这个社会越能在与邻国的斗争中更顺利地维护其生存"。③ 但是,基辅时期,虽然俄国经济发展水平高于游牧部落的发展水平,"同基辅时期的俄国居民相比,游牧部落是在经济发展上,因而也在一般文化发展上,处于较低水平的部落"④。但是基辅罗斯经常被游牧民族打败,其原因一方面在于游牧民族的生活方式本身他们不爱好和平,游牧民族吃苦耐劳

---

① 普列汉诺夫:《俄国社会思想史》第 1 卷,商务印书馆 1999 年版,第 30 页。

② 普列汉诺夫:《俄国社会思想史》第 1 卷,商务印书馆 1999 年版,第 38 页。

③ 普列汉诺夫:《俄国社会思想史》第 1 卷,商务印书馆 1999 年版,第 40 页。

④ 普列汉诺夫:《俄国社会思想史》第 1 卷,商务印书馆 1999 年版,第 46 页。

和在军队动员上的轻便敏捷;另一方面,那时候基辅罗斯与游牧民族的经济发展差距很小,还有基辅罗斯向农业过渡造成的社会分工,使得农民在军事方面相对脆弱。游牧民族对基辅罗斯的侵略造成的后果是"完全阻止了西南罗斯的独立发展,使俄国历史生活的重心转移到东北,而这里的地理环境则是更少利于居民生产力的迅速发展的"。① 因此,基辅时期,基辅罗斯与游牧民族的战争,造就了基辅罗斯不利的地理环境,也造成了其国内阶级斗争的尖锐化,从而不利于生产力的迅速发展,也阻碍了其文化的迅速发展。"某一社会的生产力发展愈快,则其经济生命的脉搏跳得愈强,其主导的生产方式所特有的矛盾,也更尖锐。这种矛盾的尖锐化表现于阶级斗争的尖锐化……日益尖锐的阶级斗争使观念的过程深化,使相互冲突更为频繁。"②基辅罗斯时期由于不利的地理环境使得它落后于西欧,但是从其社会关系的性质来看,比莫斯科时代更接近于西欧,这使他们更容易学习和接受西方文化的影响,"在十四世纪,加里西亚的公爵使用了西式图章,他们的公文是用拉丁文写的。值得注意的是,最后的一位加里西亚公爵尤里,求助于有德国勋章的骑士团长,称呼他的贵族为亲爱的忠诚贵族。社会关系的类同,使他们易于学习西方所特有的政治观念和言词。"③基辅时期,基辅罗斯与游牧民族的战争,反映在其文化内容

---

① 普列汉诺夫:《俄国社会思想史》第1卷,商务印书馆1999年版,第52页。

② 普列汉诺夫:《俄国社会思想史》第1卷,商务印书馆1999年版,第52页。

③ 普列汉诺夫:《俄国社会思想史》第1卷,商务印书馆1999年版,第55页。

上,"同草原游牧部落——波洛韦次人和凶恶的鞑靼人的斗争,差不多自八世纪延续到十七世纪末,这是俄国人民的最痛苦的历史记忆,它特别深刻地铭记在他们的脑际,特别显著地表现在民间歌颂壮士的歌词中。"①基辅罗斯与游牧民族的战争,反映在其缺乏欧洲文化的特点上,"同掠夺成性的亚洲草原部落数千年敌对的接邻,——只是这一事实就足以掩盖俄国历史生活中的许多欧洲缺点……甚至那些'欧洲缺点',初看起来同游牧部落成千年的接邻没有直接关系,但如果仔细加以研究,它也是俄国经济发展由于同游牧部落的斗争而受到阻碍的结果"。基辅罗斯与游牧民族的战争,也反映在其接近东方文化的特点上,"从西南移居东北的俄国居民所处的那些条件,更加强化这些'俄国历史生活中的欧洲缺点',促使俄国社会生活及制度逐渐接近东方专制国家的生活和制度"。②

（4）从文化的反作用的角度研究俄国社会思想史

普列汉诺夫认为文化发展与经济发展具有不平衡性,文化发展并非总是与经济发展水平一致,文化发展可能领先于经济发展,也可能落后于经济发展,"问题在于人类沿着文化道路上的运动,全然不是什么直线的运动。当然,某个部落（或国家）随着过渡到更高的经济发展水平,是要迈开比较大的前进步伐的。但并不是在一切方面都如此。正因为它总地说向前迈进了,所以它的生活

---

① 普列汉诺夫:《俄国社会思想史》第 1 卷,商务印书馆 1999 年版,第 57 页。

② 普列汉诺夫:《俄国社会思想史》第 1 卷,商务印书馆 1999 年版,第 59 页。

的某些方面可能后退"。他进一步举例说:"与从事畜牧业和原始农业的部落相比,狩猎部落在造型艺术方面有着大得多的爱好,并且主要是才能。同样,现在的资产阶级欧洲虽具有这样庞大的生产力,而在美学方面却远远不及古代世界。"①经济发展决定了政治和文化的发展,同时文化又具有反作用,文化的"农村中的生活,使生产者不能联合自己的力量去同剥削者进行斗争(大城市中心的生活却是很能促进这种联合的),也使他们的意识发展非常困难。时常从工业劳动中获得其年度收入很大一部分的生产者,继续保持着农民的一切迷信和一切成见。他们的思想落后,对于将农奴制的桎梏加在他们身上的社会制度极为有利,就更不用说了。思想的落后,保证了这种制度的巩固"。② 彼得一世的改革促进了俄国资本主义的发展,促进了两个新阶级的划分——即无产阶级和资产阶级的划分,"资本主义毕竟前进了,俄国的欧化也毕竟同资本主义一道前进了。如果彼得通过改革'打开了通向欧洲之窗',则现在是给欧洲影响广开大门的时候了"。③ 改革促进资本主义的发展,这其中必然包括促进俄国资本主义文化的发展,"号称'国民的精神'并未能阻挡资本主义的冲击。"④彼得改革

---

① 普列汉诺夫:《俄国社会思想史》第1卷,商务印书馆1999年版,第47页。

② 普列汉诺夫:《俄国社会思想史》第1卷,商务印书馆1999年版,第94—95页。

③ 普列汉诺夫:《俄国社会思想史》第1卷,商务印书馆1999年版,第125页。

④ 普列汉诺夫:《俄国社会思想史》第1卷,商务印书馆1999年版,第126页。

后,俄国文化相继出现了贵族文化和平民知识分子文化,"从西欧渗入俄国的新文化,长期具有贵族的特征",①这些情况在文学和绘画等方面表现出来。直到 19 世纪中叶贵族在文学和艺术里的领导权才被平民知识分子代替。在这之后,出现了两个极端的思想流派,资产阶级和无产阶级。"每一个文明社会都有一定的历史环境,这种环境必然影响于它的发展。每一个文明社会的历史环境都是互不相同的。这便给历史运动的过程带来多样化的因素。这便在很大程度上解释了何以没有,也不可能有两个发展过程完全相同的社会。某一社会对另一社会的影响——它们之间的'相互影响'——并不是'模糊不清的形而上学者'的虚构,而是一个普通的历史事实。""思想影响的途径是由各国人民物质需要所制约的各国国际交往准备出来的。"②彼得改革对俄国文化的直接影响是给俄国的传统文化增加了新的欧洲的资本主义因素,间接影响是引起了俄国传统文化的一些改变,"彼得改革极大地增进了莫斯科人同西欧居民的来往……对于我们祖先的思想方式增加一些新的因素,我称之为彼得改革对俄国社会思想发展过程的直接影响……这种变革又在社会意识方面引起某些改变。因存在方面的预先改革而引起的意识方面的这些改变,我认为是同一改革的间接影响。"③彼得改革对于俄国文化的影响的表现:学会了技

---

① 普列汉诺夫:《俄国社会思想史》第 1 卷,商务印书馆 1999 年版,第 128 页。

② 普列汉诺夫:《俄国社会思想史》第 1 卷,商务印书馆 1999 年版,第 254 页。

③ 普列汉诺夫:《俄国社会思想史》第 1 卷,商务印书馆 1999 年版,第 1 页。

术知识、接受了外国的礼节、习俗、习惯等,"在当时的历史条件下,还谈不上学到本义上的'科学知识',而只是领悟一些技术知识而已。至于这种知识,无论其积蓄量是多么小,还是提供了由浅入深的可能。"①"逐渐接受了外国人的一些习俗。莫斯科罗斯的欧化,虽极迟缓,但还是一直向前发展的。"②"俄国人民先进部分也不可能放弃西欧的服装和剃胡须的习惯……再也不会恢复闺禁妇女和某种朴素现实的结婚风俗……学会了比较礼貌的态度。"

二、政治上的失足阻碍了普列汉诺夫文化理论的创造性发展

尽管普列汉诺夫文化理论在这一历史时期得到了进一步的发展,但是,我们也应该看到政治失足阻碍了其对文化理论的创造性发展。自从 1903 年 11 月 7 日在《火星报》第 52 号上发表《不该这么办》一文为标志,普列汉诺夫走向了机会主义;从 1914 年第一次世界大战爆发后,他则走向了社会沙文主义。那么,普列汉诺夫在政治上的错误是否影响其文化理论的发展呢? 我们的回答是肯定的。正是他的这种政治错误阻碍了他的文化理论进一步取得创造性成就。

1903 年以后,俄国社会民主工党分裂为布尔什维克和孟什维克,普列汉诺夫站在列宁的对立面,成为孟什维克的首领。从

---

① 普列汉诺夫:《俄国社会思想史》第 1 卷,商务印书馆 1999 年版,第 7 页。

② 普列汉诺夫:《俄国社会思想史》第 1 卷,商务印书馆 1999 年版,第 8—9 页。

1903 年到 1908 年,普列汉诺夫是采取"特殊立场"的孟什维克。他在一系列问题上和列宁产生了分歧;在政治上,动摇于孟什维克和布尔什维克之间;在俄国 1905 年革命的策略问题上,他否定无产阶级领导权,否定工农联盟,指责革命的群众运动,列宁因此称他为"实践上的机会主义"。但他在哲学上仍然宣传正确的观点。1908—1914 年,特别是在斯托雷平反年代(1907—1911),他坚决反对"取消派"的错误立场,捍卫党的马克思主义理论基础,并与以列宁为首的布尔什维克结成"护党联盟"。列宁因此称他为"马克思主义者孟什维克",认为他在哲学方面捍卫的是正确的东西。1914—1918 年,普列汉诺夫坚持社会沙文主义立场,背离了马克思主义。十月革命后,他结束了 37 年的流亡生活,回到了俄国,但他的政治立场并无改变。他始终不理解也不赞成十月革命,否认社会主义革命在俄国胜利的可能性,认为十月革命为时过早,违反历史规律;同时他又拒绝参加任何反对苏维埃政权的政治活动。普列汉诺夫的最后 20 年,专心致力于哲学、文学、艺术和历史研究,并作出了重要贡献。1918 年 5 月 30 日,普列汉诺夫病逝。从 1903 年之后应该是普列汉诺夫的政治失足期,在这段时期,他的政治上的错误严重影响到了他的文化理论的发展。

资本主义已经由自由竞争的资本主义走向了垄断资本主义,垄断代替了自由竞争,这是资本主义发展的最高阶段,即帝国主义阶段;在垄断资本主义阶段,金融寡头控制着国内的经济、政治和文化,资本输出则促进了资本主义经济世界市场的形成,以及政治上的殖民统治的形成,文化上的世界文化的形成;垄断资本主义阶段最重要的特征就是资本主义政治经济发展的不平衡,这种不平衡必然导致帝国主义战争。面对这种社会实践的变化,文化理论的研究不应该只是停留在理论斗争方面,不应该仅仅停留在理论的探索深化,它应该与当时社会实践相结合,服务于无产阶级革命。能否把理论紧密联系实际,及时抓住时代特征,与时俱进地发展马克思主义文化理论,就成了当时马克思主义理论者的分水岭。

在这种形势下,普列汉诺夫认为当时俄国的国情是已经踏上了资本主义发展的道路,但是资本主义在俄国的发展不够充分,在这种情形下,俄国革命的性质应该是资产阶级民主革命,无产阶级应该意识到自己的首要任务是反对农奴制的残余,完成这一任务的过程中无产阶级应该联合资产阶级一起进行。革命的根本目的是加快俄国资本主义的发展速度,促进阶级的分化,从而获取有利于无产阶级发展特别是无产阶级文化发展的有利条件,最终为社会主义革命奠定坚实的基础。由此看来,普列汉诺夫没有意识到时代环境的变化,以及由此引起的革命性质、革命任务的改变。因此,他没有能够把理论紧密联系实际,及时抓住时代特征,与时俱进地发展马克思主义文化理论。他的文化理论研究,还是囿于纯粹理论的探索,他的研究滞留在从唯物史观的角度对马克思、恩格斯文化理论进行阐释,滞留在启蒙无产阶级的意识上,没有做到与时俱进地发展马克思、恩格斯的文化理论,没有能够将马克思主义文化理论时代化。

时势造英雄,英雄是列宁这样能够敏锐地察觉到时代的变化,植根于社会发展的实际,致力于俄国无产阶级面临实际文化发展问题的解决,因此,他侧重于探索无产阶级政党处理文化问题原则和策略,从而从整体上构建了马克思主义文化的理论体系,与时俱进地发展了马克思主义文化理论。因此,可以说,列宁推动马克思主义文化发展到了新阶段,从而开辟了马克思主义文化发展的新境界。

在这一时期,普列汉诺夫在政治实践中犯了严重的错误,在文化理论上未能创造性地发展马克思主义,造成这种结果的根本原因在于普列汉诺夫长期远离俄国革命的具体实践。因此,他未能将马克思、恩格斯文化理论与时代主题和时代特征相结合,未能突破马克思、恩格斯文化理论的时代局限性,未能把理论与实践相结合,未能及时应对时代的挑战,未能及时吸收与时代相符合的新内容,未能将时代的挑战及时转化为发展的动力,因此,最终未能与时俱进地发展马克思主义文化理论,未能实现马克思主义文化理论发展的时代化。

在政治失足期,普列汉诺夫仍然在文化理论作出了重要贡献。尽管普列汉诺夫在这一历史时期,政治实践中犯了错误,文化理论上未能实现创造性发展,但是,这段时间他的文化理论仍然得到了进一步的发展。那么,为什么普列汉诺夫的政治立场与文化理论会出现矛盾现象呢?

出现这种矛盾现象的原因在于:在实践方面,在具体的革命策略选择上犯了机会主义的错误;但是,在理论方面,普列汉诺夫在始终坚持马克思主义基本理论的指导,在主观方面,他始终真诚地信仰马克思主义。他犯政治错误在于他对客观形势的错误估计。就当时的客观形势来看,当时的革命性质应该是资产阶级民主革命还是社会主义革命,革命的前途是无产阶级建立社会主义制度还是资产阶级建立资本主义制度? 对此,他与列宁作出了不同的回答。普列汉诺夫认为革命性质应该是资产阶级民主革命,因为从反对沙皇专制来看,资产阶级是革命的阶级,革命的领导阶级应该是资产阶级,无产阶级在这个革命中起到的应该是辅助作用,因为无产阶级还没有达到马克思、恩格斯预计的社会主义革命应该达到的水平,但是无产阶级在这过程中应该保护自己的特殊利益;从革命的前途上来看,普列汉诺夫认为是资产阶级建立资本主义制度,无产阶级应该联合资产阶级共同推翻沙皇专制统治,无产阶级的革命目标是取得政权,但是,目前社会生产力必须充分发展达到社会主义革命的客观条件还不具备,无产阶级应该利用现在的有利条件发展自我,为将来夺取政权积蓄力量。以列宁为代表的布尔什维克则作出了不同的回答,他们认为革命性质是社会主义革命,无产阶级应该夺取革命领导权,建立起社会主义制度。尽管,当时的俄国不具备直接进入社会主义的生产力条件,但是,无产阶级可以利用政治上取得政权的优势,跨越资本主义的"卡夫丁"峡谷。俄国十月革命胜利对于两种不同的回答进行了现实评判。尽管在实践上,普列汉诺夫犯了错误,但是,在理论上,他始终坚持马克思主义基本理论的指导,主观上,他始终真诚地信仰马克思主义,这些促使普列汉诺夫在文化理论的创作上仍然取得了较大的成就,在这一历史时期他仍然深化了对于文化理论的认识,具体研究了艺术、宗教、俄国文化等。

综上所述,我们可以看出,在普列汉诺夫政治失足期,他仍然坚持以马克思主义理论作为指导,立足于唯物史观,提出了他对于艺术、宗教和俄国文化的看法,这些看法很多是马克思、恩格斯论述较少甚至是没有提及过的,普列汉诺夫却进行了深刻阐释,这些阐释在性质上是属于马克思主义的,显示了普列汉诺夫深厚的马克思主义理论功底。但是,由于普列汉诺夫对于大的历史背景的错误认识,表现在时代特征方面是,他认为时代主题仍然是和平,没有意识到战争的到来;表现在革命形势上,他错误地以为俄国革命还处于低潮,俄国革命还是资产阶级性质的革命,发动无产阶级革命的时机还没有到来。所以,他的文化理论的研究还是停留在捍卫马克思主义的阶段,只是在具体文化方面包括艺术、宗教和俄国文化等文化的外延方面进一步扩大了马克思主义文化理论的内容,而没有能够结合实际创造性地发展马克思主义文化理论。列宁则紧紧抓住时代特征,深化了对马克思主义文化理论的认识,创造性地发展了马克思主义文化理论,实现了马克思主义文化理论的时代化,从而开辟了马克思主义文化理论的新阶段、新境界。由此可以看出,能否把理论紧密联系实际,及时抓住时代特征,与时俱进地发展马克思主义文化理论,就成了马克思主义者的分水岭。如果不能做到这一点,其研究结果可能在性质上属于马克思主义,算是能够做到坚持马克思主义,但是不能创造性地发展马克思主义,普列汉诺夫就属于这一类型的马克思主义者。对待马克思主义,做到坚持马克思主义固然重要,但是,更重要的是能够与实践相结合,与时俱进地发展马克思主义。实践性是马克思主义的根本特征,是马克思主义的生命力所在。只有做到理论与实践相结合,才能紧紧抓住时代特征,发展马克思主义,从而做到坚持马克思主义与发展马克思主义的统一。

第三章　普列汉诺夫文化理论的基本内容

　　上文按照普列汉诺夫著作的时间顺序,结合原著和相关资料,提取和分析了他的代表性著作中关于文化理论的内容。按照时间的先后顺序,结合内容的逻辑关联,对普列汉诺夫有关文化理论内容进行总结和分析,这样可以直观、真实地了解普列汉诺夫文化理论;通过分析普列汉诺夫文化理论,我们看到普列汉诺夫对文化理论的研究是持续的,其本身的文化理论是向前发展的。同时,我们也看到,普列汉诺夫坚持马克思主义基本原理作为指导,在继承马克思、恩格斯文化理论的基础上,提出了具有一定特色的文化理论,因此,可以说是对马克思、恩格斯文化理论的发展。从整体来看,普列汉诺夫文化理论是一个完整的理论体系。它的基本要内容主要包括普列汉诺夫对于什么是文化、怎样发展文化的看法。对于什么是文化:普列汉诺夫主要从文化的内涵、文化的形成发展、文化的特征、文化的类型、文化的功能、文化的地位等方面进行了回答。对于怎样对待文化:普列汉诺夫认为一方面应该坚持马克思主义文化理论,另一方面应该发展马克思主义文化理论。对于坚持马克思主义文化理论,普列汉诺夫主要从坚持文化发展的主体理论,坚持文化发展的任务理论两个方面进行了回答;对于发展马克思主义文化理论,普列汉诺夫主要从文化发展的原则方面进行了回答。

第一节 普列汉诺夫对于什么是
文化的看法

对于什么是文化,普列汉诺夫立足俄国的具体实际,坚持以马克思主义基本理论作为指导,在继承马克思、恩格斯文化理论的基础上,从文化的内涵、文化的特征、文化的起源发展、文化的类型、文化的功能、文化的地位等方面进行了回答。

一、关于文化的内涵

对于什么是文化,普列汉诺夫并没有直接下过定义,因为他认为文化是一个不精确的名词,他曾说:"我在这里有意地使用了一个不精确的名词:文化。"①但是通过上文梳理普列汉诺夫各个时期的著作,我们可以看出在他的著作中内含着他对于文化内涵的看法。这主要表现在以下几个方面:

---

① 王荫庭:《普列汉诺夫读本》,中央编译出版社 2008 年版,第247 页。

以唯物史观作为理论基础定义文化。理论基础的确定是科学的文化理论的首要问题。在普列汉诺夫看来,唯物史观是其文化理论的理论基础,即生产力决定生产关系,经济基础决定上层建筑是其文化理论的立足点。即从马克思那里剽窃来的观点去分析高级的意识形态的范畴:法权、正义、道德、平等等等。在批判马克思的唯物史观的论敌们的观点时,普列汉诺夫指出论敌们会问:"可是,马克思为什么不写这么一本书,其中用他的观点叙述从古到今的全部人类历史并且考察一切发展的部门:经济的、法律的、宗教的、哲学的等等呢?"①他回答认为用马克思的观点来考察这一切部门是现代科学的理想,这种理想不知什么时候才能达到,而现在是已经找到了这种观点,用这种观点才能观察经济、政治、文化的发展。在批判俄国的民粹主义的错误时,他就明确提出:无政府主义者、民粹派和布朗基主义思想应当革命化,应当从历史发展的角度看待问题,只有这样才能真正看清"历史发展趋势"②。在批判托尔斯泰的错误时他指出自己的文化理论是不同于托尔斯泰以及之前的唯心史观的文化理论,普列汉诺夫认为自己的是唯物史观的文化理论。

从社会心理出发定义文化。通过梳理普列汉诺夫的有关著作,可以看出他认为社会心理是一种日常意识,它是社会中流行的、散乱的,不具备系统性的人们的感觉习俗、理想信念、道德习惯

① 《普列汉诺夫哲学著作选集》第 1 卷,生活·读书·新知三联书店1959 年版,第 750 页。
② 《普列汉诺夫哲学著作选集》第 1 卷,生活·读书·新知三联书店1959 年版,第 63 页。

等低层次的文化现象,它具有时代性、阶级性和民族性的特点。在普列汉诺夫看来,社会心理是由生产力和生产关系共同决定的,社会心理能够反映生产力和生产关系的变化,并将随着生产力和生产关系的变化而发生变化;同时,社会心理并不是仅仅被动地反映这种变化,它还对于生产力和生产关系具有反作用,他指出:"影响社会心理,也就是影响历史事变"①,可见,只有影响人们的精神,才能发挥人民群众改造世界的动力。

　　从意识形态出发定义文化。在普列汉诺夫看来,意识形态是一种理论化、系统化的文化。他根据距离经济基础的远近的不同,将意识形态进一步划分为低级意识形态和高级意识形态。低级意识形态就是距离经济基础较近能够直接反映社会存在的文化,它主要包括:政治制度、法律制度等。高级意识形态就是距离经济基础较远的能够间接反映社会存在的文化,它主要包括:文学艺术、宗教信仰等。根据唯物史观生产力决定生产关系、经济基础决定上层建筑的原理,普列汉诺夫强调说无论是低级意识形态还是高级意识形态都是经济发展的产物,它们的产生过程是"不为人们所看见的"②,根本上来说,是由经济基础决定的"天然的和必定如此的东西"③。

　　从政治教育、知识水平、文化工作、文化生活、知识传播等方面

---

　　① 《普列汉诺夫哲学著作选集》第 3 卷,生活・读书・新知三联书店1962 年版,第 374 页。

　　② 《普列汉诺夫哲学著作选集》第 1 卷,生活・读书・新知三联书店1959 年版,第 723 页。

　　③ 《普列汉诺夫哲学著作选集》第 1 卷,生活・读书・新知三联书店1959 年版,第 723 页。

来定义文化。首先,普列汉诺夫认为文化是一种文化工作,他说:"知识的传播是,例如,所有文化工作最有文化的……。文字活动也应当被承认为文化工作。"①这里普列汉诺夫指出知识的传播、文字活动等属于文化工作的内容。以无产阶级知识分子的文化任务为例,他指出向工人宣传社会主义理论、进行政治教育是重要的文化任务,他说:"对工人阶级说明它的政治和经济的利益,以及这些利益之间的相互关系;应当培养工人阶级在俄国社会生活中起独立的作用",还指出这种政治教育的途径是"通过口头的和文字的宣传和在工人们中间组织社会主义小组"②。其次,文化代表着知识水平,他认为工人"比农民受了更多的教育、有更高的消费能力和更广的视野",但是,在资本主义社会,资产阶级限制工人阶级文化水平的发展,他说:"资本主义'力求把工人们限制在比一般文化状况所许可的为低得多的发展水平上。'"③再次,文化是一种精神生活,普列汉诺夫说:"资本主义文化使他们脱离了原来的文化生活:不识字、不写字,按时去教堂祷告,不关心政治,不作秘密活动,不去思想,欢喜劳作,朗诵圣经。资本主义也唤起了他们智力活动和斗争意识。"④

---

① 《普列汉诺夫哲学著作选集》第 1 卷,生活·读书·新知三联书店 1959 年版,第 444 页。

② 《普列汉诺夫哲学著作选集》第 1 卷,生活·读书·新知三联书店 1959 年版,第 113—114 页。

③ 《普列汉诺夫哲学著作选集》第 1 卷,生活·读书·新知三联书店 1959 年版,第 220 页。

④ 《普列汉诺夫哲学著作选集》第 1 卷,生活·读书·新知三联书店 1959 年版,第 215 页。

在社会结构中相对于经济、政治而言的文化。社会结构是一个有机整体,文化在这个有机整体中重要组成部分,普列汉诺夫在这里经常用"观念的进程""思想的进程""精神的生产""思想上层建筑"等表示文化。一方面,文化的发展决定于经济和政治的发展,他说:"现在还难以预见'观念的进程'什么时候把'事务的进程'追上"①,"思想的进程去适应物的进程"②,"物质的生产如此,精神的生产也是如此"③。他明确指出经济相当于社会有机体的骨骼,政治和文化相当于社会有机体的血肉,三者的关系是经济发展决定政治关系,二者又共同决定了文化发展,而文化能够反映经济和政治,并随着经济和政治的发展而不断向前发展。对此,普列汉诺夫形象地比喻说:经济运动是"铁的规律",思想体系是生长在"经济弦线"之上的"生动的衣裳",而说明这些确是"最有趣和诱人的"④。另一方面,文化能够反作用于经济和政治,在普列汉诺夫看来,只强调经济和政治对于文化的决定作用是"不全面的唯物主义"⑤,只有进一步看到文化在产生之后对于经济和政治的促进或者阻碍作用,而且经济和政治的变化发展只有通过"观

① 《普列汉诺夫哲学著作选集》第 1 卷,生活·读书·新知三联书店 1959 年版,第 66 页。

② 《普列汉诺夫哲学著作选集》第 1 卷,生活·读书·新知三联书店 1959 年版,第 70 页。

③ 《普列汉诺夫哲学著作选集》第 1 卷,生活·读书·新知三联书店 1959 年版,第 213 页。

④ 《普列汉诺夫哲学著作选集》第 1 卷,生活·读书·新知三联书店 1959 年版,第 760 页。

⑤ 《普列汉诺夫哲学著作选集》第 3 卷,生活·读书·新知三联书店 1962 年版,第 346 页。

念的改革才能实现"①。

从上述可以看出,在普列汉诺夫看来,文化就是在社会整体结构中,被经济和政治所决定,并能够对经济和政治发挥反作用的社会意识,它包括社会心理、意识形态等,在现实中,它表现为政治教育、知识水平、文化工作、文化生活、知识传播等。

二、关于文化的形成发展

立足于唯物史观,普列汉诺夫还重点探讨了文化的起源与发展。在普列汉诺夫看来,文化来源于实践,并且是随着生产力的发展而不断向前发展的,文化的发展是一个有规律的客观历史过程。

文化起源于实践。首先,在原始社会,普列汉诺夫认为原始社会的文化来源于人们的实践活动,他说:"原始人的生产力很不发达;他们控制自然的能力很低的。而在人类思想发展中,实践是任何时候都先于理论:人作用于自然的范围越广阔,他对自然的了解也就愈广阔,愈正确。"②原始社会的劳动实践也锻炼了人们的审美感,他指出,"需要最好的教师",以狩猎为例,狩猎者画的地图就是来源于狩猎活动的需要,狩猎活动需要具有"忠实地描绘自然的才能""观察能力"和"手的灵巧"。③再以他以原始社会的诗

① 《普列汉诺夫哲学著作选集》第 2 卷,生活·读书·新知三联书店1961 年版,第 237 页。

② 《普列汉诺夫哲学著作选集》第 3 卷,生活·读书·新知三联书店1962 年版,第 373 页。

③ 《普列汉诺夫哲学著作选集》第 5 卷,生活·读书·新知三联书店1984 年版,第 434 页。

歌为例,普列汉诺夫认为诗歌起源于原始人的劳动,他指出:"诗歌的起源应当从劳动中去寻找。""诗歌的秘密是在于生产活动之中。"①其次,到了文明社会,文化也是来源于社会实践。在谈到具体形态的文化法律时,普列汉诺夫指出法律的信念应是"从生活的实践中产生","而不能先于生活的实践"②。

生产力是文化发展的根源。生产力对于文化具有归根到底的决定作用,在普列汉诺夫看来,生产力决定生产关系,二者共同构成了经济基础决定了"时代精神"。③ 在整个社会结构中,经济和政治发展"不是人的意志所决定的","物质生产力"具有归根到底的决定作用④。生产力决定了历史发展的进程,一定时代的生产力决定了它的社会环境的性质,二者又共同决定了社会心理的发展,而且进一步决定以意识形态的发展⑤。

文化来源于对人类一切先进思想和优秀成果的总结。在普列汉诺夫看来,总结前人的理论智慧是文化形成的一个重要源泉。在阐述文化的来源时,他就深入地探讨了爱尔维修、泰恩等人的文化理论的优缺点,并指出科学文化的建立应该吸取爱尔维修、泰恩

---

① 《普列汉诺夫哲学著作选集》第 3 卷,生活·读书·新知三联书店1962 年版,第 176 页。

② 《普列汉诺夫哲学著作选集》第 1 卷,生活·读书·新知三联书店1959 年版,第 699 页。

③ 《普列汉诺夫哲学著作选集》第 1 卷,生活·读书·新知三联书店1959 年版,第 715 页。

④ 《普列汉诺夫哲学著作选集》第 1 卷,生活·读书·新知三联书店1959 年版,第 495 页。

⑤ 《普列汉诺夫哲学著作选集》第 1 卷,生活·读书·新知三联书店1959 年版,第 727 页。

等人的积极思想并且批判其消极方面。普列汉诺夫认为爱尔维修、泰恩等人已经意识到社会发展对于文化发展的重要性，认识到艺术哲学等文化是对社会生活的反映，但是没有认识到社会生活对于文化的决定作用，他们的文化思想缺乏"科学的历史观的支撑"。① 因此，普列汉诺夫认为文化必须以唯物史观作为立足点，批判地吸收爱尔维修、泰恩等人的积极思想成果。普列汉诺夫还以马克思的理论和车尔尼雪夫斯基学说之间的批判继承关系为例，探讨了文化的来源问题，他曾明确指出，马克思主义理论不是脱离世界优秀文化传统的异端邪说，也不是单纯从外国移植进来的结不了果实的花朵，而是包括俄国革命民主主义思想在内的人类所创造的全部思想成果的合乎规律的必然发展，是与俄国的实际相结合的产物，他总结说："马克思在领悟了自己时代的科学知识和哲学思想的全部结果之后，完全同意法国的历史家和黑格尔的上述结论。"②

　　文化的形成发展的前提是文化主体具备高度的文化自觉。在普列汉诺夫看来，文化主体的自觉性是文化形成发展的一个重要条件，他以工人为例指出，欧洲的工人和美国的工人一样正在积极地进行政治斗争，他们的"文化自觉性越强"，他们的"政治斗争性就越强"，他们就越容易取得胜利。③ 普列汉诺夫还以马克思和

---

　　① 《普列汉诺夫哲学著作选集》第 1 卷，生活·读书·新知三联书店 1959 年版，第 181 页。

　　② 《普列汉诺夫哲学著作选集》第 1 卷，生活·读书·新知三联书店 1959 年版，第 676 页。

　　③ 《普列汉诺夫哲学著作选集》第 1 卷，生活·读书·新知三联书店 1959 年版，第 79 页。

恩格斯文化理论的形成为例,指出马克思、恩格斯文化理论形成的一个重要原因就是他们的高度的文化自觉,具备了别人不具备的个人主体素质,他说:"很多德国社会主义者也受到了黑格尔的有益的影响;然而在他们中间只有马克思和恩格斯懂得,怎样才能使社会主义由空想变成科学",①这是因为"他们自己细心地对待这些现象,因为他们的任务是把社会主义放在科学的基础之上","科学社会主义的理论只能在有科学修养的人的头脑中产生"②。据此,普列汉诺夫把文化自觉看成是文化形成发展的重要条件。

文化的变化发展是一个有规律的客观历史进程。文化适应于现存的生产方式,这是文化变化发展这一客观历史进程的一个方面。在普列汉诺夫看来,经济决定文化,文化随着经济的变化发展而不断变化发展,他说:"社会生活是在生产力的发展之下发展的。因此,人们的相互关系在生产过程中发生变化,而随着相互关系的变化,人们的心理也发生变化。"③唯物史观是文化发展这一客观历史进程的发现者,他说:"'公共意见'的历史发展,和整个人类的历史一样,乃是一个有规律性的过程,这一点是十九世纪德国唯心主义者们所宣布的。但是这个过程并不是'世界精神'的属性所决定的,像这些唯心主义者所相信的那样,而是人类的实际

---

① 《普列汉诺夫机会主义文选》上册,生活·读书·新知三联书店1964—1965 年版,第 89 页。

② 《普列汉诺夫机会主义文选》上册,生活·读书·新知三联书店1964—1965 年版,第 94 页。

③ 《普列汉诺夫哲学著作选集》第 3 卷,生活·读书·新知三联书店1962 年版,第 177 页。

生活条件所决定的。"①文化不适应于现存的生产方式,这是文化发展这一客观历史进程的另一个方面。普列汉诺夫强调认为,生产力的新发展促使新的生产关系的产生,这种新的生产关系与旧的生产关系发生矛盾,文化不再适应旧的生产方式,文化能够反映这种矛盾。这种文化的这种不适应表现为两个方面:一方面,新的生产方式发展决定了文化的变化发展;另一方面,文化对于新的生产方式的产生具有引导作用。据此可以说明,生产力的发展不是自然地导致新的生产方式的建立,社会的变革和发展离不开人的能动作用。但是,普列汉诺夫进一步强调说,新的生产方式建立之后,文化就与新的生产方式完全适应。但是,生产力是不断向前发展的,随着更先进的生产力的产生,更先进的文化就产生了,这种更先进文化与生产关系又出现了不适合,它将去适应那更先进的生产关系。由于生产力还是一直不断地向前发展,先进的生产方式与文化发展又会出现不适合,先进的文化又将去适应那更先进的生产方式。于是,新的周期循环又开始了。

三、关于文化的特征

文化的特征是回答文化基本问题的一个重要方面,通过梳理普列汉诺夫的著作,可看出普列汉诺夫主要从以下三个方面归纳了文化的特征。

阶级性特征。阶级性特征是文化的一个重要特征,在普列汉

---

① 《普列汉诺夫哲学著作选集》第 1 卷,生活·读书·新知三联书店1959 年版,第 162 页。

诺夫看来,在阶级社会,阶级斗争对于文化发展具有决定作用,在《从社会学观点论十八世纪法国戏剧文学和法国绘画》中,普列汉诺夫就明确指出艺术和文学都是社会生活的反映,通过唯物史观的社会存在决定社会意识,社会意识反映社会存在这个基本原理,可以知道艺术是对社会生活的反映。在阶级社会,阶级斗争是社会发展的重要动力,阶级斗争决定了文化的发展,只有理解了阶级斗争的意义,我们才能够理解"文明社会的'精神'历史"。[①] 在《马克思主义的基本问题》中,普列汉诺夫进一步强调说明了在阶级社会中阶级斗争的强烈程度决定了文化斗争的强烈程度,而且不同阶级文化代表着不同阶级的利益,统治阶级的文化代表着统治阶级的利益,他说:"促进文化的,无疑是每一个社会的利益。然而人们致送给有功的人的报酬,并不永远是分给有功于公共利益的人,而常常是分给有功于有权势者的利益的人,因此我们很容易明白,科学、艺术、文学何以采取一个与有权势者的利益一致的方向了。"[②]文化内容是随着时代的变化而不断变化的,普列汉诺夫认为由于生产力决定生产关系,经济基础决定上层建筑,因此,文化是随着生产力的发展而不断向前发展的,因此,即使是同一个阶级,在不同的发展时期,它的文化也是不断变化发展的。普列汉诺夫总结说,在不断发展的社会中,不同阶级在不同时期内占有统治地位。任何一个阶级的文化都是随着阶级的历史的变化而变化,阶级有一个形成发展、鼎盛统治、衰亡的过程,于是,文化也相

---

① 《普列汉诺夫美学论文集》,人民出版社 1983 年版,第 496 页。

② 《普列汉诺夫哲学著作选集》第 2 卷,生活·读书·新知三联书店 1961 年版,第 120 页。

应地发生变化。①

革命性特征。文化具有革命性特征,在普列汉诺夫看来,理论对于实践具有指导作用,革命的理论可以推动革命运动的发展,革命的理论"是一种炸药"。② 什么样的文化才算是革命的呢? 普列汉诺夫指出文化只有代表最先进的思潮、代表最先进的理论的时候,这种文化才是革命的,它引导的革命运动才能取得成功。他说:"如果没有在一定的社会阶层中间传播最先进、最健全,总之最革命的思想和概念,革命运动的发展是不可思议的"③;如果文化代表落后的或者说是错误的革命思潮、革命思想的时候,那么这种文化就算不上是革命的,那么它引导的革命运动也就不可能取得成功。

联系性特征。文化具有联系性特征,在普列汉诺夫看来,从空间联系来看,文化具有横向联系性特征;从历史发展来看,文化具有纵向的历史继承性。

从空间联系来看,文化分世界文化和民族文化。世界市场的形成促进了世界文化的联系发展,普列汉诺夫认为正是由于世界市场的形成,从而促进形成了整体化、一体化的文化。在他看来,资本主义世界市场的形成促进了世界性生产和消费的形成,也就

---

① 《普列汉诺夫哲学著作选集》第 4 卷,生活·读书·新知三联书店 1974 年版,第 366 页。

② 《普列汉诺夫哲学著作选集》第 1 卷,生活·读书·新知三联书店 1959 年版,第 98 页。

③ 《普列汉诺夫哲学著作选集》第 1 卷,生活·读书·新知三联书店 1959 年版,第 124 页。

是说促进了"各个民族之间物质和精神的互相依赖,各个民族的精神活动成果就会成为共同的享受物"①。由此,促进了世界文化的形成。一方面,普列汉诺夫肯定了世界文化形成的积极作用,他认为世界文化有利于避免民族文化的狭隘性特征;另一方面,普列汉诺夫也指出了世界文化形成发展作的消极作用,他认为世界文化"迫使一切民族都在灭亡的恐怖下采用资产阶级的生产方式,它迫使一切民族都在自己那里施行所谓的文明制度……资产阶级已使乡村屈服于城市的统治"②。也就是说,世界文化有利于文化霸权主义的实行,发达资本主义推行文化霸权主义,资本主义文化到处横行,不利于不发达国家保持自己的民族特色文化。

各民族国家的文化之间存在着相互联系。由于经济发展类似性决定了文化发展的类似性,各个国家之家的文化存在着互相影响,普列汉诺夫强调说:"任何一个文明国家的文学和学术,对于其他文明国家的文学和美术,总有或多或少的影响。这种相互影响,是这些国家社会结构相似的结果"③,"而经济结构则为它们的生产力的状态决定的"。④ 他还进一步分析说当两个国家经济发展类似性等于零的时候,那么国家间的文化影响就是不存在的,

---

① 《普列汉诺夫哲学著作选集》第 1 卷,生活·读书·新知三联书店 1959 年版,第 213 页。

② 《普列汉诺夫哲学著作选集》第 1 卷,生活·读书·新知三联书店 1959 年版,第 213—214 页。

③ 《普列汉诺夫哲学著作选集》第 2 卷,生活·读书·新知三联书店 1961 年版,第 204 页。

④ 《普列汉诺夫哲学著作选集》第 1 卷,生活·读书·新知三联书店 1959 年版,第 733 页。

非洲文化和欧洲文化之间就是互相没有任何影响;两个国家之间的文化也有可能是单方面的影响,经济发达的国家的文化可能影响到经济落后的国家的文化,但是,反过来,却没有任何影响;两个国家之间文化能够互相影响,经济发展的类似性决定了文化发展的类似性,那么这两个国家之间就能够互相影响。

民族文化内部各种文化之间存在着相互的联系。在普列汉诺夫看来,不仅不同国家之间存在着互相影响,而且每个国家内部的各种文化之间也是互相联系、互相影响的,这是"完全自然的和无条件必然的"。①

各民族文化具有自己独特的特点。各个民族国家具有自己独特的文化,普列汉诺夫指出:"每一种文学派别,每一种哲学思想,在每个不同的文明国家里都具有自己的独特的色彩,有时候几乎是新的意义。"②不同的民族国家,民族文化特点是不同的,普列汉诺夫总结说,由于社会存在决定社会意识,不同的国家的经济发展不同,就产生了不同国家的不同文化,不同的文化具有自己国家的显著特色,这就是文化的民族特色。他举例说,农业国家的文化不同于游牧国家的文化,法国的文化不同于英国文化,德国文化不同于法国文化。普列汉诺夫认为各个国家文化的这种独特性"表现于民族文学、哲学、艺术等等之中"③。

---

① 《普列汉诺夫哲学著作选集》第 1 卷,生活·读书·新知三联书店1959 年版,第 733 页。

② 《普列汉诺夫哲学著作选集》第 1 卷,生活·读书·新知三联书店1961 年版,第 731 页。

③ 《普列汉诺夫哲学著作选集》第 1 卷,生活·读书·新知三联书店1961 年版,第 732 页。

从纵向历史发展来看,文化具有继承性特点。在普列汉诺夫看来,一定时代的经济发展决定了特定时代的文化特征,但是,文化发展还受到前一时代或者前几个时代文化的影响,文化具有历史联系性特征。普列汉诺夫把这种历史联系具体分为积极的联系和消极的联系。文化的积极联系就是肯定历史文化的积极作用,继承历史文化的基本思想、基本精神和基本方法。文化的消极联系就是批判地继承历史文化,人类文化的发展史就是一部文化的批判继承史,批判是一种辩证的否定,是"扬弃"①,普列汉诺夫认为这种批判的继承是走向客观真理的必由之路。他还以科学社会主义的发展说明了文化的传承性的联系,他说:"从其理论形式来说,则近代社会主义开始似乎是十八世纪法国各大启蒙学者所制定的原理更广大、更彻底的发展。近代社会主义的根据虽然是基于(物质的)经济事实,但是在开始的时候,它必须和任何新的理论一样与现存的思想资料联系起来。"②

此外,文化还具有时代性特征,普列汉诺夫认为文化是随着时代的变化而不断变化的,他说:"民族的习惯是变化的,所以它对于艺术品和自然事物的美感和判断,也同样是变化的……对他那个时代的人,比对现在的人更适合。"③文化的发展性特征是说,民族文化是不断变化的,他以法国文化举例说,爽朗是法国文化的重要特

①《普列汉诺夫哲学著作选集》第1卷,生活·读书·新知三联书店1959年版,第742页。
②《普列汉诺夫哲学著作选集》第2卷,生活·读书·新知三联书店1961年版,第191页。
③《普列汉诺夫哲学著作选集》第2卷,生活·读书·新知三联书店1961年版,第113页。

征,但是也是不断变化的①。文化的职业性特征,文化具有行业性特点,他说:"一个民族的性格,并不只是随历史事件而变化;它在一定时期中,在不同的行业中也不一样。"②但是,普列汉诺夫对于这些特征只是简单描述,并没有深入探讨,没有形成一定的理论体系。

四、关于文化的类型

依据不同的划分标准,文化可以划分为不同的类型,普列汉诺夫立足于俄国的文化发展的现实需要,在同各种错误的文化理论斗争的过程中,逐渐形成了他对于文化类型的看法。

在普列汉诺夫看来,按照生产力发展阶段的不同,人类社会发展可以划分为原始社会、奴隶社会、封建社会、资本主义社会、共产主义(社会主义)社会,因此,文化也可以相应地划分为这五个阶段的文化。由于生产力与生产关系的矛盾,促使人类历史形态的不断变更,他说:"在古代东方诸国家,我们看见战士与僧侣之间的斗争;古代世界史的全部戏剧性就是贵族与庶民、望族与平民的斗争;中世纪产生了城市人,他们尽力在自己公社的范围里夺取政治的统治地位。最后,现代的工人阶级同在现代国家内达到了完全统治的有产阶级进行斗争。"③正是由于这种社会形态的变化发展决定了文化随之发生变化,他进一步说:"不同的人类社会所达

---

① 《普列汉诺夫哲学著作选集》第 2 卷,生活·读书·新知三联书店 1961 年版,第 112 页。

② 《普列汉诺夫哲学著作选集》第 2 卷,生活·读书·新知三联书店 1961 年版,第 112 页。

③ 《普列汉诺夫哲学著作选集》第 1 卷,生活·读书·新知三联书店 1959 年版,第 77 页。

到的不同的结果(文化发展的阶段)"①。普列汉诺夫还指出社会
主义文化是最高类型的文化,他说:"应当把文化的程度和文化的
类型加以分别,假使现代无产者的物质文化的程度很不高,但是,
无论怎样,这一物质文化仍是到现在为止所存在的所有文化中最
高的一个类型。何况这一阶级的智力的和道德的文化的发展,比
以前所有各时代的生产阶级的文化高得不可比拟呢。"②

　　按照是否代表先进生产力的发展水平,划分为旧文化和新文
化,先进文化和落后文化,进步文化、保守文化和反动文化。普列
汉诺夫认为所谓先进文化就是代表先进生产力的发展要求,与社
会经济政治发展相适应,代表着先进理想的文化,也可以说是新文
化和进步文化。但是,当一种文化成为社会进一步发展的阻碍的
时候,那么,这种文化就是落后文化、旧文化。普列汉诺夫拿资产
阶级举例说:"新兴资产阶级曾经有一个时期是社会经济进步的
体现者"③,资产阶级成为了先进文化代表的原因是"推动资产阶
级走上革命斗争的道路和保证它的政治影响的增加的不是它的收
入的增加,而是它所唤起的生产力和封建社会内产品的生产和分
配所赖以进行的那些条件之间的矛盾"。④ 资产阶级成为落后文

----

① 《普列汉诺夫哲学著作选集》第 1 卷,生活·读书·新知三联书店
1959 年版,第 682 页。

② 《普列汉诺夫哲学著作选集》第 1 卷,生活·读书·新知三联书店
1959 年版,第 221 页。

③ 《普列汉诺夫哲学著作选集》第 1 卷,生活·读书·新知三联书店
1959 年版,第 88 页。

④ 《普列汉诺夫哲学著作选集》第 1 卷,生活·读书·新知三联书店
1959 年版,第 88 页。

化代表的原因是"资产阶级政治经济学现代没落的原因之秘密"，在于"已经有好久失去了对社会问题的客观、科学的研究能力"。"资产阶级的经济学家们从和平的客观的思想家变成了资本的战士和卫兵。"①普列汉诺夫以俄国资本主义文化与封建文化的关系举例说："它的根还深深地植在旧制度的土壤中，但是它的上端却已经发展到有移植的必要性和必然性的时候了"，②"由于前一世纪保守派和反动派的轻易判断"③。人类文化发展就是落后文化、旧文化与先进文化、新文化之间不断进行斗争，最后先进文化、新文化代替落后文化、旧文化的过程，他说："旧社会形态——的崩溃，引到旧的生产方式被新的生产方式所代替"④，旧文化也就被新文化所代替。

按照是否存在阶级，划分为原始社会文化和阶级社会文化。在普列汉诺夫看来，原始社会文化主要特点就是，它是由生产力发展直接决定的，以古希腊文化为例，他指出：人们的生产活动对于文化具有直接决定作用，"古希腊人的世界观是由他们生产力的状况决定的"⑤。在阶级社会中，普列汉诺夫认为文化的发

---

① 《普列汉诺夫哲学著作选集》第 1 卷，生活・读书・新知三联书店 1959 年版，第 91 页。

② 《普列汉诺夫哲学著作选集》第 1 卷，生活・读书・新知三联书店 1959 年版，第 242—243 页。

③ 《普列汉诺夫哲学著作选集》第 1 卷，生活・读书・新知三联书店 1961 年版，第 572 页。

④ 《普列汉诺夫哲学著作选集》第 3 卷，生活・读书・新知三联书店 1961 年版，第 178 页。

⑤ 《普列汉诺夫哲学著作选集》第 3 卷，生活・读书・新知三联书店 1961 年版，第 185 页。

展不再只是由生产力直接决定,还应该包括政治、阶级斗争等中间"因素"的作用,他明确地指出生产力在"已经划分为阶级的社会里面这种活动对于思想体系的直接影响就不大显著了","这位法国学者对于思想体系发展的其他'因素',如阶级斗争几乎完全没有加以注意。可是,这个'因素'却有着极大的意义。"①在阶级社会,必须重视阶级斗争对于意识形态的发展的影响,阶级斗争的尖锐程度不同,它对阶级心理的影响程度也就不同。在阶级社会中,经济对于文化的发展不再是发挥直接的决定作用,而是通过政治、阶级斗争等"'因素'的中间作用来做前提"②。

在阶级社会,按照是否占有统治地位,划分为统治阶级的文化和被统治阶级的文化。普列汉诺夫认为不同阶级的文化是由其阶级地位决定的,他说:"费希特说:'一个人选哪一种哲学,就看他是哪一种人。'是不是对每一个社会,或者更正确点说,对一个社会的每一个阶级,都可以这样说呢? 我们不是有理由以同样的信心来说,一个社会或者一个社会的一个阶级有怎样的哲学,完全要看这个社会或阶级是什么?"③他还指出被统治阶级出现本身就是社会经济发展的产物。统治阶级的文化代表着统治阶级的利益,普列汉诺夫指出:"每一特定时期的统治阶级,也总是它的法和习

---

① 《普列汉诺夫哲学著作选集》第 3 卷,生活·读书·新知三联书店 1961 年版,第 185—186 页。

② 《普列汉诺夫哲学著作选集》第 3 卷,生活·读书·新知三联书店 1961 年版,第 188 页。

③ 《普列汉诺夫哲学著作选集》第 2 卷,生活·读书·新知三联书店 1961 年版,第 191 页。

俗的创造者",①资产阶级文化是资产阶级的利益的代表,它是由资本主义社会的客观经济条件决定的,他指出:"正如动物的'行为方式'是它们的生存条件给它们规定下的一样","在这一点上,资产者与其他阶级的成员并无不同。因为他在他的观念和情感里反映了他的物质生活条件,所以他只有忍受'凡人'所共有的命运"②。因此,当统治阶级的文化是先进文化代表的时候,它能够促进生产力的发展;当资产阶级的文化不再是先进文化代表的时候,它就阻碍生产力的发展,这时,"国家机器"变成了"最有力量的反动工具"③。

按照无产阶级的阶级觉悟程度,划分为文化自在、文化自觉、文化自为。普列汉诺夫认为从文化自在到文化自觉,再到文化自为是一个渐进发展的过程,这个过程是无产阶级的阶级觉悟不断提高的过程。文化自在是这个过程中的最初阶段,普列汉诺夫认为它是指无产阶级"还没有阶级觉悟,在他们反对个别压迫者的斗争中还没有指导的观念。被压迫阶级还没有自为的观念;他将来会是社会的先进阶级,但是现在他还没有成为这样的阶级"④。文化自在的特点是:这一时期无产阶级的反抗斗争是分散的、零星

---

① 《普列汉诺夫哲学著作选集》第1卷,生活·读书·新知三联书店1959年版,第82页。
② 《普列汉诺夫哲学著作选集》第2卷,生活·读书·新知三联书店1961年版,第196—197页。
③ 《普列汉诺夫哲学著作选集》第1卷,生活·读书·新知三联书店1959年版,第83页。
④ 《普列汉诺夫哲学著作选集》第1卷,生活·读书·新知三联书店1961年版,第84—85页。

的、没有阶级觉悟的、没有组织性的。文化自觉是无产阶级的阶级意识发展过程中的一个过渡阶段,在这一阶段,无产阶级具有了阶级觉悟性,认识到自己是一个阶级,但是,还不能全面了解自己阶级地位的特点,还不能理解社会结构运行的机制,还没有政治组织性,还不能理解国家与社会的区别。文化自在是这个发展过程中的最后阶段,普列汉诺夫认为文化自为是指被无产阶级了解了自己的政治地位,了解了国家与社会的区别,认识到国家是统治阶级的统治工具,并力求通过革命斗争,争取政治的统治地位的自觉意识。从文化自在到文化自觉再到文化自为的发展过程,是无产阶级从没有阶级觉悟到争取政治统治,从无政治组织性发展到具有政治组织,从个别的对抗发展到无产阶级整体的阶级斗争的发展过程。

按照社会阶层,根据当时俄国文化发展的现实情况,普列汉诺夫把文化划分为无产阶级文化、资产阶级文化、知识分子文化、农民文化、大工厂主文化、大商人文化、资产阶级化的地主文化、小工业家文化、小商人文化、手工业者文化等。不同的阶层具有不同的文化,他说:"我们需要把阶层的觉悟和阶级的觉悟加以严格的区分,从农民的阶级和政治觉悟的发展观点看农民现在的世界观",[1]"无产阶级是社会人口最多的阶层,说它最多是因为无产阶级是大工业本身的产物","小工业家、小商人、手工业者和农民等其余的阶级随着大工业的发展而趋于衰落和灭亡。"[2]

---

[1]　《普列汉诺夫哲学著作选集》第 1 卷,生活·读书·新知三联书店 1959 年版,第 107 页。

[2]　《普列汉诺夫哲学著作选集》第 1 卷,生活·读书·新知三联书店 1959 年版,第 89 页。

按照理论观点的不同,普列汉诺夫把俄国当时的文化划分为科学社会主义文化、民粹主义文化、村社文化、空想社会主义文化、资产阶级文化等。科学社会主义文化与空想社会主义文化的关系是,空想社会主义文化是科学社会主义文化的重要来源之一,他说:"从空想社会主义开始而研究出来的共产主义学说。"①

科学性是科学社会主义文化的重要特征。在普列汉诺夫看来,以唯物史观的生产力决定生产关系,经济基础决定上层建筑作为理论基础,从生产力发展来解释文化的发展,那么,这才能获得科学的文化,他说:"从马克思的观点上看来,理想是不同的:有低级的、高级的,正确的、错误的。适合经济现实的理想是正确的。"②以美学为例,普列汉诺夫指出科学的美学"必须把'历史的美学'建立在一个科学的社会史观上面"③。以唯物辩证法的自由与必然的关系原理是分析科学文化与非科学文化的理论基础,普列汉诺夫认为如果社会科学以唯心辩证法的观点,从人的意识来解释社会现象,不能正确地认识和实践必然,就不能掌握必然性的规律,那么这种文化必然是不科学的;如果社会科学以唯物辩证法的必然与自由的辩证关系原理为基础,认为人只有认识和掌握了必然规律,那么人才能获得自由,这种文化才是科学的,唯物主

---

① 《普列汉诺夫哲学著作选集》第1卷,生活·读书·新知三联书店1959年版,第70页。

② 《普列汉诺夫哲学著作选集》第1卷,生活·读书·新知三联书店1959年版,第745页。

③ 《普列汉诺夫哲学著作选集》第2卷,生活·读书·新知三联书店1961年版,第181页。

义的历史观指明了"人类文化发展的科学之路"①。科学文化是随着社会生活的变化而变化发展的。科学文化的变化发展并不否认这种科学文化的真理性,真理是随着实践的发展而不断向前发展的,科学文化也是随着实践的发展而不断变化发展的,科学文化的变化发展是一种自身的补充和完善。这些正是科学社会主义文化的主要特征。普列汉诺夫还立足于俄国当时的社会现实指出,俄国的发展需要科学社会主义文化的指导,他说:"俄国的现实的革命运动具备以科学社会主义理论为指导的现实基础……民粹主义的理论已经和俄国产业工人的情况不适合了……村社文化已经瓦解,俄国需要根据发展的实际发展社会主义文化"。②

按照地理环境的不同,划分为草原畜牧业文化、平原农业文化和沿海工商业文化。普列汉诺夫提出了地理环境通过生产力作用于文化的理论,他认为地理环境作用于生产力,并且通过生产力的根本作用,而影响到人类文化的发展。普列汉诺夫根据地理环境的不同,把文化分为三种类型的文化,即草原游牧文化、平原农业文化和沿海发达文化。他明确指出在草原游牧文化地区主要发展畜牧业、平原农业文化地区主要发展农业,沿海发达文化地区主要发展工商业。③ 由于地理环境的不同,造成了这些地区的社会关

---

① 《普列汉诺夫哲学著作选集》第 2 卷,生活·读书·新知三联书店1961 年版,第 205 页。

② 《普列汉诺夫哲学著作选集》第 1 卷,生活·读书·新知三联书店1959 年版,第 51 页。

③ 《普列汉诺夫哲学著作选集》第 1 卷,生活·读书·新知三联书店1959 年版,第 484—485 页。

系也就不同,因此形成了不同的文化。居住在草原高地上的人们,由于其地理环境的特点,他们过着家长制的游牧生活,形成了掠夺式的草原文化;居住在平原地区的人们,由于有河流,土地肥沃,所以主要从事农业,形成了以农业种植为特点的文化,这种文化的缺点是农业人民惰性大、闭塞成性;居住在沿海地区的人们,由于海的原因,交流频繁,工商业发达,生产力发展迅速,因此,文化发展程度也最高。

按照国内与国外关系,文化可以划分为民族文化和世界文化。普列汉诺夫认为由于生产力的发展促进了资本主义世界市场的形成,从而,促进了世界文化的形成,他说:"物质的生产如此,精神的生产也是如此。"①但是,世界文化的形成并不能否认民族文化的意义,普列汉诺夫指出:"每一种文学派别,每一种哲学思想,在每个不同的文明国家里都具有自己的独特的色彩,有时候几乎是新的意义。"②每个国家的民族文化具有自己的独特特点,在普列汉诺夫看来,这种独特性通过"民族文学、哲学、艺术等等"③表现出来,法国人喜好的文化,英国人可能厌恶它。

按照对社会存在反映的程度和特点的不同,把社会意识分为社会心理和思想体系(意识形态)两个层次。普列汉诺夫在分析

---

① 《普列汉诺夫哲学著作选集》第2卷,生活·读书·新知三联书店1961年版,第211页。

② 《普列汉诺夫哲学著作选集》第1卷,生活·读书·新知三联书店1959年版,第731页。

③ 《普列汉诺夫哲学著作选集》第1卷,生活·读书·新知三联书店1959年版,第732页。

社会有机体的结构时提出了"五项因素"公式,在"五项因素"公式中,他把社会意识分为社会心理和思想体系两个层次,这是普列汉诺夫的首创,也是进一步发展了马克思、恩格斯的文化理论。在普列汉诺夫看来,社会心理是社会意识的低级发展阶段,它表现在日常生活和交往中的自发性的、无系统的社会意识,它主要包括人们日常生活中的感情、风俗、习惯、成见、自发倾向、愿望、审美情趣等,它的主要特征是:阶级性、民族性、行业性、时代性等。思想体系是社会意识的高级发展阶段,是系统化的、理论化了的社会意识,其中宗教、道德、艺术等是它的主要表现形式。

　　社会心理和思想体系虽然有区别,但是二者之间又是相互联系、相互作用的。首先,社会心理是思想体系的来源和基础,社会心理可以转化为思想体系,对此,普列汉诺夫明确指出:社会心理决定意识形态的发展,"哲学思想和艺术创作等必须立足于社会心理形成的。"①其次,思想体系可以反作用于社会心理。思想体系反作用于社会心理的途径主要通过传播、教育。思想体系正是通过传播、教育途径转化为社会心理的。普列汉诺夫以对无产阶级的教育为例,他指出只有加强对无产阶级的政治教育,使其转化为无产阶级的社会心理,才能提高无产阶级的政治觉悟。

五、关于文化的功能

　　文化的功能也可以称为文化的价值,普列汉诺夫把文化的功

---

　　① 《普列汉诺夫哲学著作选集》第 2 卷,生活·读书·新知三联书店 1961 年版,第 229 页。

能划分为认知功能和凝聚功能。文化的第一个重要功能是认知功能,它主要表现是人们认识世界和改造世界过程中文化所发挥的发散思维、开阔视野和增长见识的作用;文化的第二个功能是凝聚功能,这主要是指文化具有整合社会思想、引导社会思潮发展的作用。这两个功能是相辅相成、紧密联系的。

文化具有认知的功能。对于文化认知功能的作用,以资本主义社会的工人的认知能力为例,普列汉诺夫指出在资本主义社会工人的文化水平较低,"这是资本主义一般的文化和历史的意义。至于它对于工人,对他们的智力,对他们的道德习惯,又起什么影响呢?"普列汉诺夫认为在资本主义社会发展的初期,工人阶级的文化认知能力较差,他们"识字的人不多,会写的更少,他们按时去教堂祷告,不关心政治,不作秘密活动,不去思想,欢喜劳作",资本主义的发展,"唤起了工人趋向智力活动和争取人的生存"。① 资本主义社会工人的文化水平较低的原因是"资本主义力求把工人们限制在比一般文明状况所许可的低得多的发展水平上"②。在资本主义社会,虽然工人的文化水平较低,但是工人的文化类型确是人类所有文化类型中最高的,普列汉诺夫强调:"应当把文化的程度和文化的类型加以分别,假使现代无产者的物质文化的程度很不高,但是,无论怎样,这一物质文化仍是到现在为止所存在的所有文化中最高的一个类型。何况这一阶级

---

① 《普列汉诺夫哲学著作选集》第 1 卷,生活·读书·新知三联书店1959 年版,第 214—215 页。

② 《普列汉诺夫哲学著作选集》第 1 卷,生活·读书·新知三联书店1959 年版,第 220 页。

的智力的和道德的文化的发展，比以前所有各时期的生产阶级
的文化高得不可比拟呢。"①普列汉诺夫还具体分析了马克思主
义理论的认知功能，他认为从学理意义来看，马克思主义理论具
有提高人的文化认知能力的作用。马克思主义是研究人类社会
发展的科学理论，他明确指出："达尔文解决了怎样在生存斗争
中发生了动植物中的问题。马克思解决了怎样在人们的生存斗
争中产生了社会组织的不同形态。逻辑上，马克思的研究开始
于达尔文研究终结的地步……这两位思想家的研究精神决然地
是一样的。所以可以说：马克思主义是达尔文主义之应用于社
会学。而且这是它的唯一的科学的应用。"②马克思主义继承的
是"达尔文的科学方法"。③"马克思主义是绝对正确的研究社会
现象的方法，是一种纯科学的理论，这种含义即使资产阶级学者也
承认的"，④对于这种理解，普列汉诺夫曾经指出："马克思主义的
最后结论是极端革命的社会政治学说，至于这个学说的基本前提，
即使最严厉和荒谬的书报检查机关也应当承认是客观的科学原
理。"⑤"马克思的理论是人类思想史上任何时候都没有过的最理
想的理论。这不论对其纯科学的理论或对其实践的任务来说，都

---

① 《普列汉诺夫哲学著作选集》第 1 卷，生活·读书·新知三联书店
1959 年版，第 221 页。

② 《普列汉诺夫哲学著作选集》第 1 卷，生活·读书·新知三联书店
1961 年版，第 767 页注释 1。

③ 《普列汉诺夫机会主义文选》下册，生活·读书·新知三联书店
1964—1965 年版，第 341 页。

④ 《普列汉诺夫哲学著作选集》第 1 卷，生活·读书·新知三联书店
1961 年版，第 824 页。

⑤ 普列汉诺夫：《美学论文集》，人民出版社 1983 年版，第 68 页。

是同等的正确的。"①"社会学中没有一部门在吸收他们的哲学——历史的观点时，不获得新的和异常广大的视野的。这些观点的有益影响，现在就已经开始表现在法的、历史的和所谓原始文化的范围内。"②"社会主义的宣传对于各文明国家的思想发展的全部进程都产生了极大影响。也几乎没有一门社会科学，不这样或那样受到这一宣传的影响。"③普列汉诺夫认为提高人们的文化认知水平的主要手段包括：知识传播和文字活动等，他说："知识的传播是，例如，所有文化工作中最文化的。但是政府任何时候都能'夺去'这一工作，而且吉荷米洛夫先生本人，当然，也知道许多这样夺去的例子。文字活动也应当被承认为文化工作。但是这也是吉荷米洛夫先生知道得很清楚的，政府对于我们中间的每一个人都能很容易地禁止他从事这工作。"④

文化具有凝聚的功能。文化的凝聚功能来自于文化的内部共享性所形成的文化认同感。相同文化下的人群往往具有相似的体质特征、相同的语言和风俗习惯以及相同社会心理等，因而容易凝聚在一起。

首先，人们只有认识、理解、认同了文化，才能自觉实践文化，

① 《普列汉诺夫哲学著作选集》第1卷，生活·读书·新知三联书店1959年版，第746页。
② 《普列汉诺夫哲学著作选集》第1卷，生活·读书·新知三联书店1959年版，第70页。
③ 《普列汉诺夫哲学著作选集》第1卷，生活·读书·新知三联书店1959年版，第55页。
④ 《普列汉诺夫哲学著作选集》第1卷，生活·读书·新知三联书店1959年版，第444页。

文化的凝聚功能才能真正发挥出来。普列汉诺夫以马克思主义理论为例,指出马克思主义理论对于无产阶级有凝聚的作用,而发挥这种凝聚作用的前提是无产阶级认识、理解、认同了马克思主义理论,并自觉实践它,他认为马克思主义理论是"革命的代数学"①,无产阶级革命只有坚持以马克思主义理论作为指导,才能取得革命的胜利,他说:"于是他们就在马克思主义旗帜之下进行斗争,并且他们在这面旗帜下面进行斗争时获得了很高的声誉。"②因此,普列汉诺夫认为,马克思主义理论"是对人民的各种剥削者进行斗争的最有力的精神武器",③理解和掌握伟大导师的学说,就等于使自己拥有了强有力的武器。无产阶级非常认同马克思主义理论,"无产阶级却用马克思的历史理论来作为他的解放斗争中最可靠的指南"④。立足于俄国当时的社会现实,普列汉诺夫认为马克思主义理论对于俄国的革命运动具有指导作用,他十分肯定地说:"从俄国革命运动最后走上专制制度公开斗争的道路的时候起,社会主义者的政治任务的问题就成了我们党最现实、争论最热烈的一个问题。"⑤"俄国的现实的革命运动具备以科学社会主

---

①　《普列汉诺夫哲学著作选集》第 2 卷,生活·读书·新知三联书店 1961 年版,第 221 页。

②　《普列汉诺夫哲学著作选集》第 2 卷,生活·读书·新知三联书店 1961 年版,第 221 页。

③　《普列汉诺夫哲学著作选集》第 1 卷,生活·读书·新知三联书店 1959 年版,第 125 页。

④　《普列汉诺夫哲学著作选集》第 1 卷,生活·读书·新知三联书店 1959 年版,第 212 页。

⑤　《普列汉诺夫哲学著作选集》第 1 卷,生活·读书·新知三联书店 1959 年版,第 53 页。

义理论为指导的现实基础,他提出俄国农村公社自身已经开始瓦解,民粹主义的理论已经和俄国产业工人的情况不适合了,也就是说,村社文化已经瓦解,俄国需要根据发展的实际发展社会主义文化。"①他指出:"我们人民生活的一些陈旧形式在其自身内部已含有自己瓦解的许多萌芽",但是只有萌芽是无法发展到"高级的共产主义形式"的,必须经过政治斗争,从而进一步建立起政党,"在这一创造的活动中,由于必须,他们不得不转到现代社会主义的基地,因为《土地与自由》的一些理想是和产业工人的情况不适合的。而且现在当俄国特殊的理论变成停滞和反动的同义语,而俄国社会的进步因素集合在深思的'西欧主义'的旗帜之下的时候,这是很适时的"。②

其次,发挥文化的凝聚作用,使人们能够人们认识、理解、认同并且自觉实践一种文化理论的主要途径包括:文化传播、文化教育等。

加强文化宣传、文化传播是发挥文化凝聚作用的重要手段。在普列汉诺夫看来,俄国无产阶级革命的发展需要马克思主义理论的指导,但是,马克思主义理论只有通过宣传和传播,人们才能了解它,才能消除人们对于马克思主义理论适应性的误解,才能使俄国人民接受马克思主义理论。他说:"尽管马克思的思想是十分明确和没有歧义,而在革命的理论和领域中却引起了许多误解。

① 《普列汉诺夫哲学著作选集》第 1 卷,生活·读书·新知三联书店1959 年版,第 51 页。

② 《普列汉诺夫哲学著作选集》第 1 卷,生活·读书·新知三联书店1959 年版,第 51 页。

例如我们常常说,科学社会主义的理论对俄国是不适用的,因为它是在西欧经济关系的基础上生长出来的。"①只有加强宣传马克思主义理论,才能批判各种错误理论,才能真正传播马克思主义理论。在《现代社会主义丛书发刊声明》中他就指出:"我们丛书的任务在于:(一)把马克思恩格斯学派的最重要的著作以及为不同教育程度的读者所写的有创见的著作译成俄文,来传播社会主义的思想。(二)从科学社会主义及俄国劳动人民利益的观点,批判我们革命者中流行的各种学说,和探讨俄国社会生活中的最重要问题。"②只有加强宣传马克思主义理论,无产阶级才能理解和掌握这一理论,才能发挥这一理论的作用,只有加强宣传马克思主义理论,才能使农民也接受它,从而加强无产阶级的力量。普列汉诺夫说:"在农民中间开始经常的社会主义宣传……我们对社会主义者如果在农民中间发现了强有力的独立运动时,就应当改变在人民中间的力量的分配。"③只有加强马克思主义理论在俄国的宣传,才能使无产阶级自觉实践这种理论,"如果没有在一定的社会阶层中间传播最先进、最健全,总之最革命的思想和概念,革命运动的发展是不可思议的"。④

---

① 《普列汉诺夫哲学著作选集》第 1 卷,生活·读书·新知三联书店 1959 年版,第 73 页。

② 《普列汉诺夫哲学著作选集》第 1 卷,生活·读书·新知三联书店 1959 年版,第 127 页。

③ 《普列汉诺夫哲学著作选集》第 1 卷,生活·读书·新知三联书店 1959 年版,第 116 页。

④ 《普列汉诺夫哲学著作选集》第 1 卷,生活·读书·新知三联书店 1959 年版,第 124 页。

教育也是发挥文化凝聚功能的重要手段。在普列汉诺夫看来,思想理论教育是实现文化凝聚功能的重要手段,发挥思想理论教育的作用就是要实现思想体系向社会心理的转化,马克思主义理论教育就是把马克思主义理论为工人阶级的所熟悉掌握。马克思主义理论来源于理论化、系统化的工人阶级心理,但是要使工人阶级认识、理解、掌握它,还必须把这种理论转化为工人阶级的社会心理,只有这样才能使他们能够自觉实践它。因此,政治教育是实现工人阶级从文化自在到文化自觉再到文化自为的重要手段。工人阶级在斗争的初期,只是零散的、无组织、无纪律的局部对抗,还没有阶级意识,这一阶段属于文化的自在阶段。实现文化自在到文化自觉,这需要加强对于工人的政治教育,使他们意识到自己的阶级性,他说:"对工人阶级说明它的政治和经济的利益,以及这些利益之间的相互关系;应当培养工人阶级在俄国社会生活中起独立的作用。"①普列汉诺夫举例说:"试拿交换价值的理论说罢。您可以用两句话向工人解释,它是由什么决定和怎样被决定的。"②无产阶级"一旦掌握了社会经济学的基本原理,对科学社会主义的解释就已没有什么困难;在这里,工人将只是遵循着自己的实际经验的指示。事情的这一方面已为马克思本人阐释得极明白"。③"由此,我们可见,无产阶级不需要物质财富,就可以发展

① 《普列汉诺夫哲学著作选集》第 1 卷,生活·读书·新知三联书店 1959 年版,第 113—114 页。

② 《普列汉诺夫哲学著作选集》第 1 卷,生活·读书·新知三联书店 1959 年版,第 93 页。

③ 《普列汉诺夫哲学著作选集》第 1 卷,生活·读书·新知三联书店 1959 年版,第 93 页。

到理解自己解放的诸条件。"①"渐渐科学社会主义把资产阶级的一些理论从这本书的篇幅里排挤出去,并且很快无产阶级就在它里面读到怎样为自己争得物质幸福。那时候他将把资本主义的可耻的镣铐打碎,对着资产阶级证明,'科学比财富高出多少'。"②政治教育的途径:"通过口头的和文字的宣传和在工人们中间组织社会主义小组。"领导工人阶级建立有确定政治纲领的无产阶级政党,拟定纲领的工作可以由工人来做,知识分子在其中的作用是向工人阶级阐明纲领的主要特点,"例如,现代土地关系、税收制度、劳动立法的根本修正,国家对生产者各种组合的帮助等等"。③ 他认为工人阶级成为革命依靠力量应具备的素质是:"取决于它的政治觉悟的明确性,取决于它的团结性和组织性的。正是它的力量的这些因素,才必定会受到我们社会主义知识分子的影响。"④通过政治教育,使工人阶级全面了解了自己阶级地位的特点,理解了社会结构运行的机制,理解了国家与社会的区别,具有了政治组织性,建立了政党。这是一个使工人阶级从没有阶级觉悟到争取政治统治,从无政治组织性发展到具有政治组织,从个别的对抗发展到无产阶级整体的阶级斗争的过程。是工人阶级实

---

① 《普列汉诺夫哲学著作选集》第 1 卷,生活·读书·新知三联书店 1959 年版,第 95 页。

② 《普列汉诺夫哲学著作选集》第 1 卷,生活·读书·新知三联书店 1959 年版,第 95 页。

③ 《普列汉诺夫哲学著作选集》第 1 卷,生活·读书·新知三联书店 1959 年版,第 113—114 页。

④ 《普列汉诺夫哲学著作选集》第 1 卷,生活·读书·新知三联书店 1959 年版,第 113—114 页。

现从文化自在到文化自觉再到文化自为的发展过程。从而使无产阶级认识、理解、认同并且自觉实践这种文化理论,只有这样,文化的凝聚功能才能真正发挥出来。

六、关于文化的地位

文化在社会结构中的地位问题是普列汉诺夫文化理论研究一直关注的重点问题。在《马克思主义基本问题》这本书中,普列汉诺夫正式提出了社会结构的"五项因素"公式,生产力、生产关系、政治制度、社会心理和思想体系是公式的五个基本要素,这五项基本因素之间互相联系。这个"五项因素"公式是对马克思的经典公式即生产力、生产关系和上层建筑关系公式的进一步发展。普列汉诺夫认为"五项因素"公式中的生产力、生产关系和政治制度相对于社会意识,它们属于社会存在的范畴;相对于社会存在,公式中的社会心理和思想体系属于社会意识的范畴;相对于包括生产力和生产关系的经济基础,政治制度又属于上层建筑的范畴即政治上层建筑,包括社会心理和思想体系的社会意识属于观念上层建筑,它们共同决定于经济基础,同时,社会意识还决定于政治制度。因此,普列汉诺夫认为经济、政治和文化构成了社会基本结构,其中,文化是不可或缺的组成部分。

经济、政治决定文化,文化对于经济、政治具有依赖性。在普列汉诺夫看来,唯物史观与唯心史观的根本区别就在于,唯物史观是以经济发展解释文化,唯心史观则是用文化发展来解释经济和政治的发展。普列汉诺夫是以唯物史观作为理论基础来分析文化地位的,他指出经济、政治对于文化具有决定作用,经济对于文具有直接决定作用,政治制度对于文化也具有决定作用。首先,经济发展决定文化发展,文化则反映经济发展,其中,生产力发展是文化发展的根本原因,生产力决定生产关系,从而形成了社会经济结构,经济结构决定文化的性质,文化随着经济的发展而不断向前发展。但是,普列汉诺夫认为文化适应于经济发展"是一个复杂的过程",不应该把这个适应过程简单化理解。在阶级社会中,阶级斗争对于文化发展具有重要作用。普列汉诺夫认为在原始社会,人们的生产活动直接决定了文化的发展,但是到了阶级社会,阶级斗争对于文化的发展起到了主要的决定作用。他指出在阶级社会如果忽视了阶级斗争的作用,那么很多东西我们将无法理解。其次,政治对于文化发展也具有重要的决定作用,但是,政治对于文化的这种决定作用是以经济发展的根源作用作为前提的。普列汉诺夫认为政治是经济决定文化的复杂的中间因素的一部分,与经济对于文化的作用相比,政治对于文化的作用更加直接。普列汉诺夫举例说:"复辟时代法国资产阶级的经济情况与小资产阶级——合乎那个时代尺度的骑士——所喜爱的武士风度之间,有怎样的结合呢? 没有什么直接的结合;鬓须与马刺变更了这个情况,既未变好,也未变坏。但是我们已经知道,这种怪诞的风气,是以间接的方式由资产阶级所处的那种对付贵族的地位造成的。"①再次,不同民族的历史环境对于文化也具有重要的影响,在普列汉诺夫看来,法国不同于英国,德国不同于法国,这种国家历史环境

---

① 《普列汉诺夫哲学著作选集》第 2 卷,生活·读书·新知三联书店1961 年版,第 192 页。

的不同就会有不同国家的文化。为什么会出现这种不同呢？普列汉诺夫认为其原因就是不同国家的社会性质不同，经济发展水平不同，政治制度不同，文化相应地也会出现不同，他说："这些国家之中，每一个的社会力量的互相关系各不相同"，则每个国家就会具有不同的"智慧和道德风习的状态。"①

文化具有相对的独立性。虽然普列汉诺夫非常重视经济、政治对于文化的决定作用，但是，他并没有忽视文化发展的相对独立性作用。他以唯物史观作为理论基础，多方面探讨了文化的相对独立性。首先，文化与社会存在发展的不一致性。一方面，普列汉诺夫坚持了马克思和恩格斯关于文化与社会存在发展不一致性的观点；另一方面，他发展了马克思和恩格斯的有关理论，这主要表现在他还特别指出了文化与政治发展的不一致性。在普列汉诺夫看来，经济基础决定文化，其中，生产力具有根本的决定作用。由于生产力是不断向前发展的，那么这时就会出现新旧生产力的矛盾，相应地新旧文化也会出现矛盾，这时，适应生产力发展的新文化就会战胜旧文化，从而出现新文化与新的生产方式的适用。但是，随着生产力的继续发展，新的生产关系变成了相当旧的生产关系，出现了与更新的生产力的不合，则更新的文化与旧文化也会出现不合，这个周期是不断继续着的。② 其次，文化具有反作用。文化对于经济和政治发展具有反作用，在普列汉诺夫看来，这种反作

---

① 《普列汉诺夫哲学著作选集》第 1 卷，生活·读书·新知三联书店1959 年版，第 732 页。
② 《普列汉诺夫哲学著作选集》第 1 卷，生活·读书·新知三联书店1959 年版，第 719—720 页。

用主要表现在社会存在决定社会意识,社会意识能够促进社会存在的发展。针对当时伯恩斯坦等对马克思、恩格斯是"纯粹的经济主义者"的批判,普列汉诺夫论证说:"《宣言》说,精神活动随着物质活动的改造而改造……在这些话里已经包含了承认社会经济发展和社会精神发展之间有相互作用。"对于文化发生反作用,立足于唯物史观的生产力决定生产关系、经济基础决定上层建筑关系原理,普列汉诺夫指出:"在社会形态发展过程中,生产力的发展是根本原因,但是社会形态的发展还需要通过人们自觉的政治革命来完成。人们的自觉政治活动是通过文化变革来完成的"。[①]普列汉诺夫以实现社会主义来举例说明,过渡到社会主义不仅需要客观经济可能性,还需要工人阶级的自觉意识,这两个条件紧密相连,经济发展影响意识的发展,意识发展影响政治行动方式,从而影响到经济发展。但是,普列汉诺夫认为发挥文化的反作用是以经济发展作为基础的,他认为文化发展"归根到底还是由经济发展的行程所决定的"[②]。

第二节　普列汉诺夫对于怎样对待
文化的看法

对于怎么对待文化,一方面,普列汉诺夫认为应该坚持马克

[①] 《普列汉诺夫哲学著作选集》第 2 卷,生活・读书・新知三联书店 1961 年版,第 237 页。

[②] 《普列汉诺夫哲学著作选集》第 3 卷,生活・读书・新知三联书店 1962 年版,第 196 页。

思主义文化理论;另一方面,他认为应该发展马克思主义文化理论。对于坚持马克思主义文化理论,普列汉诺夫运用唯物史观的基本原理,结合俄国的具体实际,具体指出了坚持马克思主义文化理论应该坚持文化发展的主体理论,即包括:文化发展依靠谁、谁来领导文化发展;还应该坚持文化发展的任务理论,即文化发展的任务是启发无产阶级的自觉意识和保证无产阶级革命运动的顺利进行。对于发展马克思主义文化理论,普列汉诺夫认为应该发展文化,应该坚持坚持一切从实际出发的原则和创新的原则。

一、坚持马克思主义文化理论

对于坚持马克思主义文化理论,普列汉诺夫运用唯物史观的基本原理,结合俄国的具体实际,具体指出了坚持马克思主义文化理论应该坚持文化发展的主体理论,即包括:文化发展依靠谁、谁来领导文化发展;还应该坚持文化发展的任务理论,即文化发展的任务是启发无产阶级的自觉意识和保证无产阶级革命运动的顺利进行。

1.坚持文化发展的主体理论

马克思认为人民群众是历史发展的推动力量,人民群众是文化发展的依靠力量,在历史发展中具有决定性作用。普列汉诺夫认为应该坚持马克思的文化发展主体理论,他具体指出文化发展是文化主体的实践活动,文化主体的实践活动促进了文化的发展。立足于俄国当时的现实,普列汉诺夫认为坚持文化发展主体理论,就要看到俄国文化发展的主体具体包括以下几种力量：

（1）人民群众是文化发展的依靠力量。普列汉诺夫提出人民群众是历史的创造者。历史唯物主义认为人民群众是社会发展的推动力量，是社会变革的主要力量。单个的个人不能创造历史，如果认为个人能够创造历史，客观历史进程会把这种努力化为乌有，人民群众才是历史的真正创造者，他说："只有依靠大多数人即群众的参加，人类的历史才能向前迈进"①，"是广大人民群众在创造历史。"②在革命斗争中，人民群众才是革命成功的决定力量，普列汉诺夫以近代西欧历史举例说明是人民群众捣毁了巴士底狱，是人民群众在 1830 年 7 月和 1848 年 2 月的街垒中进行了搏斗，是人民群众的武器打败了柏林的专制政体，是人民群众推翻了维也纳的梅特涅。立足于俄国的具体实际，普列汉诺夫认为工人是人民群众的主体力量，农民是可以团结的力量，中等阶级是行将进入人民群众队伍的力量。

普列汉诺夫认为工人是人民群众的主体力量。无产阶级是社会人口最多的阶层，说它最多是因为无产阶级是大工业本身的产物。无产阶级成为先进文化代表的条件是：经济上无产阶级是最贫穷的，文化上无产阶级也必须拥有知识，才能获得政治上的统治。社会主义革命的依靠力量是工人阶级。他认为工人阶级成为革命依靠力量应具备的素质是："取决于它的政治觉悟的明确性，

———————

① 《普列汉诺夫哲学著作选集》第 2 卷，生活·读书·新知三联书店1961 年版，第 234—235 页。

② 《普列汉诺夫哲学著作选集》第 2 卷，生活·读书·新知三联书店1961 年版，第 736 页。

取决于它的团结性和组织性的。正是它的力量的这些因素,才必定会受到我们社会主义知识分子的影响。"①"比农民受了更多的教育、有更高的消费能力和更广的视野的产业工人们,参加我们革命知识分子对专制制度的斗争以后,在达到政治自由后,就可以组织社会主义的工人政党,在农民中间开始经常的社会主义宣传。"②

农民是可以团结的力量。普列汉诺夫认为对于俄国农民在无产阶级革命中是可以团结的力量,他指出俄国农民"还没有成为无土地的无产者和农村公社没有在资本主义的影响下瓦解的时候,仿佛是得不到他们的支持的",但是对俄国农民进行"自由的鼓动时"[1905年版注,也就是说根据宪法],农民会同情社会主义者们。一方面,不能夸大农民在社会主义革命中的作用,不能忽视这其中的障碍和阻力,应该看到农民在政治主动性、在斗争中的革命性、在接受社会主义理论等方面与工人阶级的差异。③ 另一方面,不能忽视对农民的宣传,普列汉诺夫认为这是因为"我们的社会主义者如果在农民中间发现了强有力的独立运动时,就应当改变在人民中间的力量的分配"④。

中等阶级是行将进入人民群众的力量。在普列汉诺夫看来,中

---

① 《普列汉诺夫哲学著作选集》第 1 卷,生活·读书·新知三联书店1959 年版,第 113—114 页。

② 《普列汉诺夫哲学著作选集》第 1 卷,生活·读书·新知三联书店1959 年版,第 117 页。

③ 《普列汉诺夫哲学著作选集》第 1 卷,生活·读书·新知三联书店1961 年版,第 116 页。

④ 《普列汉诺夫哲学著作选集》第 1 卷,生活·读书·新知三联书店1961 年版,第 117 页。

等阶级是有可能可以发展的力量,这种可能性在于它的发展前途。他认为小工业家、小商人、手工业者等其他的阶级属于中等阶级,他们是"随着大工业的发展而趋于衰落和灭亡,它们是为挽救灭亡的命运而与资产阶级斗争的,他们是保守的甚至是反动的,不是革命的。如果说他们是革命的,那时因为他们行将落入无产阶级的队伍"。①

　　(2)知识分子是文化发展的领导力量。立足于俄国的现实,普列汉诺夫认为俄国无产阶级革命的领导者是社会主义知识分子。他指出无产阶级知识分子领导俄国革命胜利应具备的素质是:"光有才能、毅力和教育是不够的;阴谋者需要有和社会的联系、财富以及有势力的社会地位。而这正是我们的革命知识分子所缺乏的。他们只能与俄国社会上的其他不满分子的联合才能弥补这个缺陷。"②俄国社会革命中知识分子政治和文化任务是:"一方面是为政治自由的斗争,另一方面是培养工人阶级去扮演它的将来独立的和进攻的角色。"③无产阶级知识分子的首要文化任务是向工人宣传社会主义理论,进行政治教育,他说:"对工人阶级说明它的政治和经济的利益,以及这些利益之间的相互关系;应当培养工人阶级在俄国社会生活中起独立的作用",④政治教育

---

　　①　《普列汉诺夫哲学著作选集》第 1 卷,生活·读书·新知三联书店1961 年版,第 89 页。

　　②　《普列汉诺夫哲学著作选集》第 1 卷,生活·读书·新知三联书店1961 年版,第 110 页。

　　③　《普列汉诺夫哲学著作选集》第 1 卷,生活·读书·新知三联书店1961 年版,第 113—114 页。

　　④　《普列汉诺夫哲学著作选集》第 1 卷,生活·读书·新知三联书店1961 年版,第 113—114 页。

的途径:"通过口头的和文字的宣传和在工人们中间组织社会主义小组。"知识分子的再一个主要任务就是领导工人阶级建立有确定政治纲领的无产阶级政党,拟定纲领的工作可以由工人来做,知识分子在其中的作用是向工人阶级阐明纲领的主要特点,"例如,现代土地关系、税收制度、劳动立法的根本修正,国家对生产者各种组合的帮助等等。"①

2. 坚持文化发展的任务理论

马克思主义认为理论来源于实践,理论对于实践具有指导作用,实践是检验理论的唯一标准,因此,文化理论也是来源于实践,并服务于实践的,社会实践是检验文化理论的唯一标准。也就是说,无产阶级理论的任务是为无产阶级革命运动服务。在普列汉诺夫看来,文化发展必须坚持马克思主义文化发展的这一任务理论。立足于俄国当时的社会现实,普列汉诺夫指出俄国马克思主义文化发展的主要任务就是启发无产阶级的自觉意识和保证无产阶级革命运动的顺利进行。

(1)启发无产阶级的自觉意识。在普列汉诺夫看来,启发无产阶级的自觉意识是社会主义文化发展的重要任务。无产阶级的自觉意识不是天生就具有的,它是一个发展的过程,在这个过程中,对无产阶级进行政治教育,把无产阶级的文化转化为他们的社会心理,使他们能够真正接受无产阶级文化。加强理论教育是实现启发无产阶级的自觉意识的重要途径,通过理论教育,把作为意

---

① 《普列汉诺夫哲学著作选集》第1卷,生活·读书·新知三联书店1961年版,第113—114页。

识形态的无产阶级文化内化为无产阶级的社会心理。只有内化为无产阶级的心理,无产阶级的自觉意识才能真正培养起来。内化的过程就是把无产阶级从文化自在状态引导到文化自觉状态再到文化自为状态的过程。这个过程是从文化自在所表现出来的零散的、无组织、无纪律、没有阶级意识的特点;经过理论教育,转化到文化自觉,它所表现出来的是阶级性意识的加强;在此基础上,经过进一步教育,实现文化自为,即认识到了自己的政治地位,认识到了革命斗争的重要性,并且力求获得统治地位。对此,普列汉诺夫说:"渐渐科学社会主义把资产阶级的一些理论从这本书的篇幅里排挤出去,并且很快无产阶级就在它里面读到怎样为自己争得物质幸福。那时候他将把资本主义的可耻的镣铐打碎,对着资产阶级证明,'科学比财富高出多少'。"①从文化自在到文化自觉再到文化自为的发展过程,是无产阶级从没有阶级觉悟到争取政治统治,从无政治组织性发展到具有政治组织,从个别的对抗发展到无产阶级整体的阶级斗争的发展过程。通过这一过程的发展,建立了无产阶级的自觉意识,实现了文化发展的任务。

(2)保证无产阶级革命运动的顺利进行。在普列汉诺夫看来,社会主义文化发展的根本任务是保证无产阶级革命运动的顺利进行。为保证无产阶级革命运动的顺利进行,文化发展需要具备一定的条件。首先,文化发展只有与马克思主义理论相结合,才能保证无产阶级革命运动的顺利进行,这是文化发展的理论条件。

---

① 《普列汉诺夫哲学著作选集》第 1 卷,生活·读书·新知三联书店1959 年版,第 95 页。

离开了理论的指导,无产阶级革命运动就失去了发展的方向,普列汉诺夫指出:理解和掌握马克思主义学说,无产阶级革命运动就掌握了斗争的"有力的武器"①,马克思主义学说"对文明人类的现代革命运动的关系,正如某个时候,——他们中间的一个所说的——先进的德国哲学之对于德国解放运动的关系一样:他们的学说是它的头脑,正如无产阶级是它的心脏"②,"如果没有在一定的社会阶层中间传播最先进、最健全,总之最革命的思想和概念,革命运动的发展是不可思议的"。③ 其次,文化发展只有与无产阶级高度的政治觉悟相结合,才能保证无产阶级革命运动的顺利进行,这是文化发展所需要具备的主体素质。对于无产阶级革命运动的主体素质,普列汉诺夫强调指出:"仅仅理解这一任务就需要以有发展前途、具有政治经验和教育、从资产阶级的成见下解放出来,并能独立考虑自己情势的工人阶级为先决条件。"④这一任务的解决,除已经提到的一切先决条件以外,"还需要在无产阶级中间传播社会主义思想,还需要它觉悟到自己的力量和对胜利有信心,但是这样的无产阶级是不会允许甚至最诚实的有善良心肠的人夺取政权的。不允许的原因很简单,就是它通过了自己的

① 《普列汉诺夫哲学著作选集》第 1 卷,生活·读书·新知三联书店1959 年版,第 99 页。
② 《普列汉诺夫哲学著作选集》第 1 卷,生活·读书·新知三联书店1959 年版,第 70 页。
③ 《普列汉诺夫哲学著作选集》第 1 卷,生活·读书·新知三联书店1959 年版,第 124 页。
④ 《普列汉诺夫哲学著作选集》第 1 卷,生活·读书·新知三联书店1959 年版,第 105 页。

政治教育锻炼,抱着坚定的志愿,准备不论何时都可以完成这一政
治锻炼,并作为独立的活动家出现在历史生活的舞台上,而不是永
远地从一个保护人那里过渡到另一个保护人那里;不允许的原因
是因为这样的保护是多余的,因为它自己那时也能解决社会主义
革命的任务;不允许的最后一个原因是这样的保护是有害的”。①
最后,文化发展只有与实际结合,才能保证无产阶级革命运动才能
顺利进行,这是文化发展的实践条件。在普列汉诺夫看来,只有与
实际相结合,马克思主义理论才会有生命力,否则,马克思主义理
论只是“形而上学的教条”②,只会是一潭死水。马克思主义理论
在俄国的发展,必须与俄国的实际相结合。根据俄国资本主义发
展的实际,对于俄国是否会走资本主义道路,马克思主义理论只有
与俄国的实际相结合,才能做出正确回答,对此,普列汉诺夫指出:
“为了回答这个问题,同样又应该研究国家的实在状况,分析它的
现代的内部生活。马克思的俄国学生,根据这种分析,断言:是的,
将继续。没有根据可以使人希望俄国将迅速抛弃其在 1861 年后
走上的资本主义发展的道路。”③

二、发展马克思主义文化理论

普列汉诺夫认为理论是随着实践的发展而不断向前发展的,

---

①　《普列汉诺夫哲学著作选集》第 1 卷,生活·读书·新知三联书店
1959 年版,第 105 页。
②　《普列汉诺夫哲学著作选集》第 3 卷,生活·读书·新知三联书店
1962 年版,第 101 页。
③　《普列汉诺夫哲学著作选集》第 1 卷,生活·读书·新知三联书店
1961 年版,第 790 页。

马克思主义文化理论也是一样的。坚持马克思主义文化理论只是正确对待它的一个方面，更重要的是发展马克思主义文化理论。普列汉诺夫认为发展马克思主义文化理论，必须坚持一切从实际出发的原则和创新的原则。

1. 坚持一切从实际出发的原则。一切从实际出发的原则，是文化发展的首要原则。在普列汉诺夫看来，文化发展需要坚持与具体实际相结合的原则，只有做到与具体实际相结合，具体情况具体分析，文化才能不断向前发展。

理论需要随着实践的发展而不断向前发展。社会实践不断向前发展，不断遇到新问题，为适应新情况，解决新问题，文化理论需要随着实际的发展而不断发展。以马克思主义理论发展为例，普列汉诺夫指出马克思主义理论只有和具体实际相结合才有生命力，普列汉诺夫反对教条式地对待马克思主义理论，他指出马克思主义理论不会提供社会发展的现成答案，只有掌握马克思主义的基本理论、基本精神和基本方法，把它与具体的实际相结合，马克思主义理论才会有生命力。

实践对于理论具有决定作用。社会实践是不断向前发展的，文化理论必须随着实践的发展而不断向前发展，实践可以为理论发展提供新内容和新条件。立足于俄国资本主义经济的现实，他认为这已经为俄国文化发展提供了充足的条件，因此，对于俄国是否会继续走1861年改革之后的道路，普列汉诺夫回答说："为了回答这个问题，同样又应该研究国家的实在状况，分析它的现代的内部生活。马克思的俄国学生，根据这种分析，断言：是的，将继续。没有根据可以使人希望俄国将迅速抛弃其在1861年后走上的资本主义发展的道路。"①正因为如此,马克思主义在俄国的发展必须立足于当时俄国的实际,他指出:"我们不应当在口头上承认'伟大导师'的理论原则,而在实践上却又由这些原则得出巴枯宁主义或布朗基主义的结论的。"②还指出:"俄国马克思的信徒并不以主观的理想和某种'进步公式'为领导,而是注意自己祖国的经济现实。"③并强调指出只有把马克思主义理论与俄国的具体实际相结合,才能解决俄国的革命问题,"从马克思理论的观点来解决革命党的任务问题,需要具备两个条件,一是承认马克思主义理论正确的和具有伟大意义,二是正确估计俄国的当前现实"④。据此可以看出,普列汉诺夫非常注重文化发展与实际相结合的原则,他的这种看法是符合马克思主义的要求的。

2. 坚持创新的原则。创新原则是文化发展必须坚持的重要原则,在普列汉诺夫看来,创新是文化发展的动力。首先,从文化的内容上看,普列汉诺夫认为坚持文化创新就需要不断丰富和发展文化内容,文化内容需要不断创新。他以他阐述马克思和恩格斯理论的发展为例,说道:"但是不言自明的是,科学社会主义的发展还没有完结,我们不能停留在恩格斯和马克思的著作上,……为

---

① 《普列汉诺夫哲学著作选集》第 1 卷,生活·读书·新知三联书店1959 年版,第 790 页。

② 《普列汉诺夫哲学著作选集》第 1 卷,生活·读书·新知三联书店1959 年版,第 133 页。

③ 《普列汉诺夫哲学著作选集》第 1 卷,生活·读书·新知三联书店1959 年版,第 789 页。

④ 《普列汉诺夫哲学著作选集》第 1 卷,生活·读书·新知三联书店1959 年版,第 126 页。

确定新学说的一些基本原理,必须继续对与之有关的问题和细节进行研究,即是补充和完成《共产党宣言》作者们在科学中所实现的革命的那种研究。"①"可人类的思想亦不停留在你所谓发现或马克思的发展之上的啊?——当然,不。"②其次,从文化发展的方法来看,普列汉诺夫认为坚持文化创新,必须需要掌握科学的方法。以马克思主义理论的发展为例,他指出:"真正发展马克思主义,就必须正确掌握它的唯物主义方法,并运用这一方法来研究马克思和恩格斯很少研究过或根本没有研究过的那些方面。"③在《我们的意见分歧》这本书中,普列汉诺夫以车尔尼雪夫斯基为例,指出:"坚持发展车尔尼雪夫斯基学必须学会他的辩证的思维方法,不能只注意于他的研究的结果","黑格尔的学生们把他的哲学体系彻底破坏,却严格保持了这位伟大思想家所传给他们的方法。他们保持的是他的学说的精神而非文字。车尔尼雪夫斯基的信徒们甚至不敢批判地对待自己导师的意见,他们严格保持他的文章的每一个字,而对他的文章的精神则一点也不理解。"④从普列汉诺夫叙述的车尔尼雪夫斯基的信徒们和黑格尔的学生们对待导师学说的不同态度,我们可以看出他认为文化创新应该掌握

---

① 《普列汉诺夫哲学著作选集》第 1 卷,生活·读书·新知三联书店 1959 年版,第 70 页。

② 《普列汉诺夫哲学著作选集》第 1 卷,生活·读书·新知三联书店 1959 年版,第 743 页。

③ 《普列汉诺夫哲学著作选集》第 3 卷,生活·读书·新知三联书店 1962 年版,第 219 页。

④ 《普列汉诺夫哲学著作选集》第 1 卷,生活·读书·新知三联书店 1959 年版,第 185—186 页。

科学的方法。再次,从时代性来看,普列汉诺夫认为坚持文化创新原则,就需要坚持与时俱进。以马克思主义理论的发展为例,他指出马克思主义理论应该随着时代的发展而不断向前发展,"马克思的某些观点已经过时了,应该从每一个特定时代的需要的观点来探讨这个时代的各种问题。这种说法本身当然是对的"①。普列汉诺夫的这种观点是非常可贵的,这种认识实际上指出了文化应该具有与时俱进的理论品质。

从上述基本内容来看,普列汉诺夫文化理论包含丰富的内容,对于什么是马克思文化理论和怎样对待马克思主义文化理论提出了自己的独特看法。因此,可以说,普列汉诺夫文化理论是对于马克思主义文化理论的坚持和发展。但是,从总体上来看,普列汉诺夫文化理论缺乏突破性发展,特别是与列宁相比来看,列宁文化理论则坚持和发展了马克思主义文化理论,并将之推向了新阶段、新境界。一方面,从时代主题来看,在 19 世纪末 20 世纪初,世界资本主义开始从自由竞争的资本主义走向垄断资本主义,对于这一时代主题的变化,普列汉诺夫未能充分重视。另一方面,从实践来看,普列汉诺夫长期居住在西欧,远离俄国革命的实际,所以未能及时地关注到俄国革命的实际变化发展。因此,普列汉诺夫的文化理论研究还滞留在从唯物史观的角度对马克思、恩格斯文化理论进行阐释,滞留在启蒙无产阶级的意识上,他未能将马克思、恩格斯文化理论与时代主题和时代特征相结合,未能突破马克思、恩

---

① 普列汉诺夫:《在祖国的一年》,生活·读书·新知三联书店 1980 年版,第 47 页。

格斯文化理论的时代局限性,未能把理论与实践相结合,未能及时应对时代的挑战,未能及时吸收与时代相符合的新内容,未能将时代的挑战及时转化为发展的动力,因此,最终未能与时俱进地发展马克思主义文化理论,未能实现马克思主义文化理论发展的时代化。列宁则非常注重结合社会发展的实际,能够及时关注到了时代主题的变化,致力于俄国无产阶级面临实际文化发展问题的解决,侧重于社会主义文化的发展,与时俱进地发展了马克思主义文化理论。因此,可以说,列宁推动马克思主义文化发展到了新阶段,从而开辟了马克思主义文化发展的新境界。

因此,我们可以看出来:能否把理论与实际相结合,能否及时抓住时代特征,是马克思主义者的分水岭。如果不能做到这一点,其研究结果可能在性质上属于马克思主义,算是能够做到坚持马克思主义,但是不能创造性地发展马克思主义,普列汉诺夫就属于这一类型的马克思主义者。对待马克思主义,做到坚持马克思主义固然重要,但是,更重要的是能够与实践相结合,与时俱进地发展马克思主义。实践性是马克思主义的根本特征,是马克思主义的生命力所在。只有做到理论与实践相结合,才能紧紧抓住时代特征,发展马克思主义,从而做到坚持马克思主义与发展马克思主义的统一。

第四章 普列汉诺夫文化理论的 历史地位和现实意义

普列汉诺夫文化理论内容丰富、特色显明,在马克思主义文化史上占有重要地位。从历史发展的角度来看,普列汉诺夫文化理论继承、丰富和发展了马克思、恩格斯文化理论;推动了列宁文化理论的形成;指引了国际工人、俄国无产阶级开展革命实践。从现实来看,普列汉诺夫文化理论对于今天我们坚持和发展马克思主义文化理论、推进社会主义先进文化建设事业具有非常强的指导意义。当然,我们也要看到普列汉诺夫文化理论的历史局限性,因此我们在今天的实践中,既要坚持普列汉诺夫诺夫文化理论的优秀成分,又要克服其历史局限性,进一步发展普列汉诺夫文化理论。

第一节 普列汉诺夫文化理论的 历史地位

在马克思主义发展史上,普列汉诺夫是连接马克思、恩格斯和列宁的中间环节。因此,普列汉诺夫文化理论对于马克思、恩格斯文化理论继承、丰富和发展作用;对于列宁文化理论的形成起到了积极的推动作用;同时,普列汉诺夫文化理论对于当时的国际工人、俄国无产阶级开展革命实践起到了重要的指导作用。

一、对于马克思恩格斯文化理论具有继承、丰富和发展作用

普列汉诺夫坚持以马克思主义理论作为指导,特别是坚持唯物史观的指导,坚持马克思、恩格斯文化理论的指导,立足于俄国革命实践,阐述了他独具特色的文化理论。普列汉诺夫文化理论对于马克思、恩格斯文化理论起到了继承、丰富和发展的作用,这种作用主要表现在:一方面,普列汉诺夫坚持了马克思、恩格斯文化理论的基本精神、基本方法等;另一方面,在坚持马克思、恩格斯基本文化理论的基础上,普列汉诺夫推动了马克思、恩格斯文化理论的进一步发展。

1.继承、丰富和发展了马克思、恩格斯文化的理论基础

马克思、恩格斯认为生产力与生产关系、经济基础与上层建筑之间的矛盾构成人类社会的基本矛盾,唯物史观的这一基本原理也构成了马克思、恩格斯文化的理论基础。马克思在《〈政治经济学批判〉序言》中就经典地表述了文化的理论基础:生产力与生产关系、经济基础与上层建筑的矛盾构成了人类社会的基本矛盾,他认为人们在生产劳动过程中形成的生产关系是由生产力的发展决

定的,与生产力发展相适合生产关系的总和构成的经济基础决定了政治上层建筑和观念的上层建筑的发展。这两对基本矛盾之间存在着互相制约的关系,其中,生产力是人类社会发展的根本原因。马克思认为文化是由社会存在决定的,文化的发展受到经济、政治发展的制约。因此,这两对基本矛盾构成了马克思主义文化的理论基础。

普列汉诺夫继承、丰富和发展了马克思主义文化理论基础的基本原理,我们从普列汉诺夫文化理论形成发展的过程可以看出他对于这一原理的继承、丰富和发展。

在文化理论的形成期,普列汉诺夫坚持了马克思、恩格斯唯物史观的基本原理。首先,以唯物史观的社会存在与社会意识辩证关系原理为基础,确立了文化的理论基础和解释原则。运用历史唯物主义分析社会发展的实际,在这过程中,确立了他文化理论的理论基础。具体到俄国的历史发展进程,他从唯物史观的角度批判了无政府主义者、民粹派和布朗基主义者,指出:"他们应当学会理解历史发展的进程。"①学会用唯物史观看待问题就要看到:民粹主义的理论落后于俄国实际生活的现实发展"'观念的进程'即在这里也落在'事物的进程'后面,而现在还难以预见'观念的进程'什么时候把'事物的进程'追上。"②由此,普列汉诺夫通过对俄国实际历史进程出发,从而为文化理论找到了理论基础。其

---

① 《普列汉诺夫哲学著作选集》第 1 卷,生活·读书·新知三联书店1959 年版,第 63 页。
② 《普列汉诺夫哲学著作选集》第 1 卷,生活·读书·新知三联书店1959 年版,第 66 页。

次,普列汉诺夫还从社会存在与社会意识的辩证关系出发,确立了文化理论的解释原则。普列汉诺夫从社会意识的来源阐明了精神生活对于物质生活的依赖性,他说:"科学社会主义须以'唯物主义历史观'为前提,即是说,它必须以社会关系的发展(虽说是在周围自然界的影响下)来解释人类发展的精神历史。"①最后,以唯物史观的人类社会基本矛盾运动原理作为理论基础,论证了文化发展的一般历史进程唯物史观是认识文化的理论基础,普列汉诺夫在《社会主义与政治斗争》中以人类社会的基本矛盾,即生产力与生产关系,经济基础与上层建筑之间的矛盾作为理论基础,论证了人类文化发展的一般历史进程。在这里实际上指出了社会的经济结构、政治结构和文化结构的关系,指出了人类社会形态变化的原因,即人类社会文化向前发展的原因。文化是随着社会基本矛盾的发展而从低级到高级不断向前发展,从而形成一个有规律的历史过程。

在文化理论的发展期,普列汉诺夫丰富和发展了唯物史观的基本原理,提出了一系列著名理论。在普列汉诺夫文化理论初步形成后,他继续坚持以马克思、恩格斯的文化理论作为理论指导,并以自己形成期的文化理论作为基础,植根于俄国社会发展的实际,提出了一系列独具特色的文化理论,主要包括:"五项因素公式"理论、社会意识理论、社会心理学说、地理环境作用于文化的理论、个人在历史上的作用等。之所以说普列汉诺夫的这些文化

---

① 《普列汉诺夫哲学著作选集》第 1 卷,生活·读书·新知三联书店 1959 年版,第 70—71 页。

理论独具特色,是因为:一方面,它们坚持了马克思主义的基本原理和马克思、恩格斯文化理论的基本理论、基本方法,因此,可以说,这些理论是普列汉诺夫继承了马克思、恩格斯的文化理论;另一方面,这些文化理论是马克思、恩格斯的文化理论阐述不够成熟的或者说是阐述较少的,甚至没有论述的,但是,普列汉诺夫以马克思主义基本原理为指导,深入地阐发了这些文化理论,从而,丰富和发展了马克思主义文化理论。因此,这一阶段可以看成是普列汉诺夫文化理论的发展成熟期。

在文化理论进一步发展期,普列汉诺夫进一步丰富、发展了马克思、恩格斯唯物史观的基本原理,阐述了他对于艺术、宗教和俄国文化的看法。在不同的历史阶段,经济基础对于社会意识的影响是不一样的。在原始社会,社会经济发展对于艺术发展具有直接决定作用。在普列汉诺夫看来,原始社会的劳动"直接影响着他的世界观和他的审美趣味"①。以装饰术为例,他说:"装饰术的动机来自技术而舞蹈——在原始社会中几乎是最重要的艺术——常常只是生产过程的简单的重演。"②因此,普列汉诺夫认为原始社会的生产劳动对于艺术发展的直接决定作用。到了阶级社会,经济活动对于艺术不再是直接起决定作用,社会心理在这过程中起到了中介的作用。普列汉诺夫强调说到了阶级社会,生产活动是间接影响于艺术。18 世纪法国的舞蹈就不再是生产劳动

---

① 《普列汉诺夫哲学著作选集》第 3 卷,生活·读书·新知三联书店1961 年版,第 185 页。
② 《普列汉诺夫哲学著作选集》第 3 卷,生活·读书·新知三联书店1961 年版,第 185 页。

的直接再现,因为这时的跳舞的贵族妇女是从事生产劳动的,在这里,经济发展对于艺术不再是直接的决定作用,而是发挥社会心理的"中间因素"作用。这里所说的社会心理对于艺术的"中间因素"作用,是限定于社会意识范围之内而言的。

2. 继承、丰富和发展了马克思、恩格斯的文化发展动力理论

实践是马克思唯物史观根本立足点,也是马克思主义文化理论的根本支撑点。马克思在批判德国唯心主义和费尔巴哈自然唯物主义的基础上,提出了人类社会是人的劳动实践的产物,他曾经说过:"正是在改造对象世界中,人才真正地证明自己是类存在物。这种生产是人的能动的类生活。通过这种生产,自然界才表现为他的作品和他的现实。"①在马克思看来,文化是人们在劳动实践过程中形成的意识,劳动实践也是文化的来源,是文化不断发展的不竭动力。

立足于马克思主义唯物史观的实践动力观,普列汉诺夫进一步丰富和发展了文化发展的动力理论。

普列汉诺夫认为从文化的本质来看,文化就是人们在劳动实践过程中形成的意识。实践是文化发展的源泉。而生产力就是人们在生产过程中形成的劳动能力。生产力对于文化具有归根到底的决定作用,在普列汉诺夫看来,生产力决定生产关系,二者共同构成了经济基础决定了"时代精神"。② 在整个社会结构中,经济和政治发展"不是人的意志所决定的","物质生产力"具有归根到

---

① 《马克思恩格斯文集》第 1 卷,人民出版社 2009 年版,第 163 页。

② 《普列汉诺夫哲学著作选集》第 1 卷,生活·读书·新知三联书店 1959 年版,第 715 页。

底的决定作用①。生产力决定了历史发展的进程，一定时代的生产力决定了它的社会环境的性质，二者又共同决定了社会心理的发展，而且进一步决定意识形态的发展②。

在普列汉诺夫看来，文化来源于实践，并且是随实践的发展而不断向前发展的，文化的发展是一个有规律的客观历史过程。首先，文化来源于实践。在原始社会，普列汉诺夫认为原始社会的文化来源于人们的实践活动，他说："原始人的生产力很不发达；他们控制自然的能力很低的。而在人类思想发展中，实践是任何时候都先于理论：人作用于自然的范围越广阔，他对自然的了解也就愈广阔，愈正确。"③其次，到了文明社会，文化也是来源于社会实践。以具体形态的法律为例，普列汉诺夫指出法律的信念应是"从生活的实践中产生"，"而不能先于生活的实践"④。

文化的变化发展是一个有规律的客观历史进程。文化适应于现存的生产方式，这是文化变化发展这一客观历史进程的一个方面。在普列汉诺夫看来，经济决定文化，文化随着经济的变化发展而不断变化发展，他说："社会生活是在生产力的发展之下发展的。因此，人们的相互关系在生产过程中发生变化，而随着相互关

---

① 《普列汉诺夫哲学著作选集》第 1 卷，生活·读书·新知三联书店1959 年版，第 495 页。

② 《普列汉诺夫哲学著作选集》第 1 卷，生活·读书·新知三联书店1959 年版，第 727 页。

③ 《普列汉诺夫哲学著作选集》第 3 卷，生活·读书·新知三联书店1962 年版，第 373 页。

④ 《普列汉诺夫哲学著作选集》第 1 卷，生活·读书·新知三联书店1959 年版，第 699 页。

系的变化,人们的心理也发生变化。"①唯物史观是文化发展这一客观历史进程的发现者,普列汉诺夫强调认为,生产力的新发展促使新的生产关系的产生,这种新的生产关系与旧的生产关系发生矛盾,文化不再适应旧的生产方式,文化能够反映这种矛盾。这种文化的这种不适应表现为两个方面:一方面,新的生产方式发展决定了文化的变化发展;另一方面,文化对于新的生产方式的产生具有引导作用。据此可以说明,生产力的发展不是自然地导致新的生产方式的建立,社会的变革和发展离不开人的能动作用。但是,普列汉诺夫进一步强调说,新的生产方式建立之后,文化就与新的生产方式完全适应。但是,生产力是不断向前发展的,随着更先进的生产力的产生,更先进的文化就产生了,这种更先进文化与生产关系又出现了不适合,它将去适应那更先进的生产关系。由于生产力还是一直不断地向前发展,先进的生产方式与文化发展又会出现不适合,先进的文化又将去适应那更先进的生产方式。于是,新的周期循环又开始了。

3. 继承、丰富和发展了马克思、恩格斯文化发展的原则理论

马克思在《德意志意识形态》中明确指出:社会存在决定社会意识,社会意识对于社会存在具有反作用。也就是说一方面,马克思认为文化来源于客观实践,受客观实践的制约,他说"从他们的现实生活过程中我们还可以揭示出这一生活过程在意识形态上的反射和回声的发展"②;另一方面,文化自身又具有反作用,先进的

---

① 《普列汉诺夫哲学著作选集》第 3 卷,生活·读书·新知三联书店 1962 年版,第 177 页。

② 《马克思恩格斯全集》第 3 卷,人民出版社 1960 年版,第 50 页。

文化能够指导并促进客观实践的发展,落后的文化阻碍客观实践的发展。这就要求文化发展要与客观实际相结合,并随着客观实际的发展而不断向前发展,恩格斯曾明确说:文化具有"自己的独立的发展道路"①。因此,文化发展必须与客观实际相结合也就构成了马克思、恩格斯文化理论的发展原则。

普列汉诺夫继承、丰富和发展了马克思、恩格斯文化发展的原则理论,他认为一切从实际出发,把理论与实际相结合是文化发展最重要的一个原则。

从文化的内容上看,普列汉诺夫认为坚持文化发展需要与具体的实际相结合,文化内容可以反映具体的实际。在普列汉诺夫看来,一方面,马克思和恩格斯文化理论的发展需要与具体实际相结合,他说:"但是不言自明的是,科学社会主义的发展还没有完结,我们之不能停留在恩格斯和马克思的著作上,……为确定新学说的一些基本原理,必须继续对与之有关的问题和细节进行研究,即是补充和完成《共产党宣言》作者们在科学中所实现的革命的那种研究。"②另一方面,马克思、恩格斯文化理论在各国的发展必须与各国的具体实际相结合。每个国家有其特殊的国情,只有与各国的具体国情结合,马克思、恩格斯的文化理论才能得到真正的发展。马克思主义在俄国的发展必须立足于当时俄国的实际,并强调指出只有把马克思主义理论与俄国的具体实际相结合,才能解决俄国的革命问题,"从马克思理论的观点来解决革命党的任

---

① 《马克思恩格斯选集》第 4 卷,人民出版社 1995 年版,第 771 页。
② 《普列汉诺夫哲学著作选集》第 1 卷,生活·读书·新知三联书店1959 年版,第 70 页。

务问题,需要具备两个条件,一是承认马克思主义理论是正确的和具有伟大意义,二是正确估计俄国的当前现实"①。据此可以看出,普列汉诺夫非常注重文化发展与实际相结合的原则,他的这种看法是继承、丰富和发展了马克思、恩格斯文化理论一切从实际出发的原则。

从文化发展的方法来看,普列汉诺夫认为只有坚持文化与具体的实际相结合,才能做到文化创新。普列汉诺夫以马克思主义理论的发展为例,指出:"真正发展马克思主义,就必须正确掌握它的唯物主义方法,并运用这一方法来研究马克思和恩格斯很少研究过或根本没有研究过的那些方面。"②在《我们的意见分歧》这本书中,以车尔尼雪夫斯基为例,他指出:"坚持发展车尔尼雪夫斯基学必须学会他的辩证的思维方法,不能只注意于他的研究的结果",从普列汉诺夫叙述的车尔尼雪夫斯基的信徒们对待导师学说的态度,我们可以看出他认为文化发展必须应该坚持与实际相结合的科学方法。

从时代性来看,普列汉诺夫认为坚持与实际相结合原则,就需要坚持与时俱进,与不断发展的具体实际相结合。以马克思主义理论的发展为例,他指出马克思主义理论应该随着时代的发展而不断向前发展,"马克思的某些观点已经过时了,应该从每一个特定时代的需要的观点来探讨这个时代的各种问题。这

---

① 《普列汉诺夫哲学著作选集》第 1 卷,生活·读书·新知三联书店 1959 年版,第 126 页。

② 《普列汉诺夫哲学著作选集》第 3 卷,生活·读书·新知三联书店 1962 年版,第 219 页。

种说法本身当然是对的"①。普列汉诺夫的这种观点是非常可贵的,这种认识实际上指出了文化应该具有与时俱进的理论品质。

二、对于列宁文化理论的形成具有推动作用

普列汉诺夫文化理论推动了列宁文化理论的形成。从马克思主义发展史来看,普列汉诺夫是马克思、恩格斯与列宁之间的过渡性人物。在列宁看来。普列汉诺夫的全部著作都给予了他重要的影响,特别是普列汉诺夫的著作《论一元论历史观之发展》对他影响巨大。列宁的文化理论的形成固然有多方面的原因,其中一个重要的原因就是普列汉诺夫文化理论的重要影响。

在 1883 年,普列汉诺夫刚刚走上马克思主义道路的时候,也就是他的文化理论初步形成的时候,列宁还只是个中学生。在列宁接触马克思主义之初,普列汉诺夫的著作和马克思、恩格斯的著作一样对于列宁马克思主义观的形成产生了巨大影响,这当然包括列宁的文化理论。列宁当时读到的马克思、恩格斯的著作主要是以普列汉诺夫为代表的劳动解放社翻译的,他当时读到的研究马克思、恩格斯理论著作很多都是普列汉诺夫写作的,因此,普列汉诺夫是列宁早期非常崇拜的一位马克思主义者。那时,普列汉诺夫只要发表著作,列宁就及时阅读,他认真读过他的几乎全部著作,并给予了高度评价,这对列宁文化理论的形成肯定具有积极的

① 普列汉诺夫:《在祖国的一年》,生活·读书·新知三联书店 1980年版,第 47 页。

促进作用。列宁本人非常肯定普列汉诺夫对于他的影响,他曾经用"崇拜""偶像"等词来形容对于普列汉诺夫的尊敬。列宁的夫人克鲁普斯卡娅也非常肯定这一点,她曾回忆说:列宁曾对普列汉诺夫有"深厚感情",列宁曾经认真学习过普列汉诺夫的著作。① 尽管后来普列汉诺夫在政治上犯了错误,但是,列宁并没有因此否定普列汉诺夫的贡献,他要求年轻的党员阅读普列汉诺夫的著作,并指出不阅读普列汉诺夫的著作,就不能成为"真正的共产主义者"。②

具体来看,普列汉诺夫文化理论对于列宁文化理论形成的启迪作用主要表现在:普列汉诺夫的文化理论研究始终立足于历史唯物主义,他的文化理论主要内容始终贯穿着这一理论基础。对于文化内涵的定义,普列汉诺夫认为自己的文化理论的立足于"唯物史观的观点来观察的"。对于文化的起源与发展的探讨,普列汉诺夫认为文化的形成是客观条件和主观条件共同作用的产物,文化是随着生产力的发展而不断向前发展的,文化的发展是一个有规律的客观历史过程。在普列汉诺夫看来,社会生活是在生产力的发展之下发展的,生产关系随着生产力的变化,而随着相互关系的变化,文化也发生变化。对于文化的地位的探讨,普列汉诺夫也是立足于唯物史观,社会结构是一个有机整体,文化在这个有机整体中为重要组成部分,文化的发展决定于经济和政治的发展,他认为生产力状况对人类的全部社会关系以及人类的整个思想上

---

① [苏]娜·康·克鲁普斯卡娅:《回忆列宁》第 1 卷,人民出版社 1982 年版,第 748 页。

② 《列宁全集》第 40 卷,人民出版社 2017 年版,第 206 页。

层建筑具有重要影响。对于文化主体,普列汉诺夫认为人民群众是经济发展、政治发展和文化发展的主体,是社会发展的推动力量。

三、对于共产主义运动具有指导作用

普列汉诺夫的马克思主义理论(包括文化理论)对于国际工人运动和俄国工人运动的革命实践具有指导作用。在国际共产主义运动史上,普列汉诺夫作为第二国际的著名领袖,在恩格斯逝世后,担负起了捍卫马克思主义的重任。特别是为捍卫马克思主义的纯洁性,普列汉诺夫及时地批判了伯恩斯坦修正主义、无政府主义、马赫主义等反马克思主义思潮,写出了一大批影响深远的马克思主义理论著作,从而推动了国际共产主义运动的发展。正是在科学的马克思主义观(包括文化理论)的指导下,普列汉诺夫才能够发挥如此重要的作用。

从俄国无产阶级运动来看,普列汉诺夫同样发挥了重要的作用。1883 年,俄国第一个马克思主义团体——"劳动解放社"就是以普列汉诺夫为代表的俄国马克思主义者创立的,这一团体为翻译和传播马克思主义理论作了大量的工作,为在俄国传播马克思主义发挥了不可替代的作用,从而指导了俄国无产阶级运动的顺利开展。"劳动解放社"的成立也标志着普列汉诺夫从一名民粹主义者转变为一名马克思主义者。在立场转变之后,他以马克思主义理论作为指导,积极批判了俄国国内的各种错误思潮,包括民粹主义、经济派、合法马克思主义等,为俄国无产阶级运动的顺利开展肃清了思想上的不良影响。1900 年,普列汉诺夫与列宁共同创办了《火星报》和《曙光》杂志,在理论上为俄国社会民主工党的建立作好了理论准备,指引着俄国无产阶级运动的进一步开展。1903 年,政治上陷入机会主义的泥淖之后,在理论上,普列汉诺夫仍然坚持以马克思主义理论作为指导,积极批判"寻神论"和"造神论"的错误,这也从而为俄国无产阶级运动排除了理论干扰。因此,可以说,普列汉诺夫文化理论无论是对于国际共产主义运动还是对于俄国共产主义运动都发挥了重要的指导作用。

第二节　普列汉诺夫文化理论的现实意义

结合普列汉诺夫文化理论的基本内容,可以看出,普列汉诺夫提出的一系列独具特色的文化理论,这主要包括:社会心理理论、文化的继承与发展理论、人民群众是历史的创造者理论等,对于我们今天的社会主义先进文化建设依然具有重要的指导意义。

一、必须充分重视社会心理的作用

普列汉诺夫把整个社会结构划分为:生产力、生产关系、政治制度、社会心理、意识形态五个方面,也就是他著名的"五项因素公式"理论。他的"五项因素公式"理论是对马克思主义关于社会结构三项经典公式的进一步发展,是在经济、政治和文化的基础上,把文化进行了进一步划分。把文化划分为社会心理和意识形态两个关系密切的不同层次。一方面,社会心理是意识形态的来源,意识形态是系统化、理论化的社会心理,社会心理的特性决定了意识形态的特性,一定时期的哲学、艺术和宗教等反映一定时期的社会心理。另一方面,意识形态对社会心理具有反作用,意识形态能够通过宣传、教育等途径作用于社会心理,社会心理随着意识形态的变化而发生变化,也就是说,意识形态能够通过一定的途径转化为社会心理。所以,文化的变化发展具有两条路径:一条是社会心理经过归纳、总结深化为意识形态;另一条是意识形态通过宣传、教育转化为普通的社会心理。普列汉诺夫对于文化结构的这种划分,并没有否定经济、政治对于文化的决定作用,而是在承认社会存在决定社会意识基础上的划分。

在文化变化发展的两条路径中,普列汉诺夫尤其重视意识形态向社会心理的转化。他认为文化作用的发挥必须以加强思想政治教育为前提,把理论转化为社会心理。普列汉诺夫的这一理论具有重要的现实意义。当前,我国正处在社会转型期,社会上存在着一些不公平的现象,社会公众对此有一些不满,感觉自己的正当权益得不到正常保护,产生了各种社会矛盾,导致人们的心理产生了一些不平衡,很容易做出一些违法违规的举动,从而影响社会稳定。利用普列汉诺夫的这一理论进行分析当前我国人民群众的社会心理,抓住人民群众的大众心理进行社会主义核心价值观教育,引导各种社会思潮向着正确的发展方向,发挥马克思主义文化的文化领导权作用。

思想政治教育的目的是使人们掌握马克思主义理论,实现意识形态向社会心理的转化。普列汉诺夫认为"影响社会心理,也就影响历史事变"①。根据普列汉诺夫的这一理论,我们当前开展思想政治工作,就是要通过思想政治教育把中国特色社会主义意识形态转化人民群众的社会心理,为人民群众所熟悉掌握,成为人民群众进行社会主义现代化建设的自觉行动。开展这种思想政治教育必须以抓住人民群众的社会心理作为前提,必须立足于人民群众的现实需要开展工作。当前,我们开展思想政治工作就是要抓住人民群众的现实心理。当前,信息传播途径众多,特别是网络的迅速发展,这为思想政治教育带来了机遇,促使意识形态能够及时地得到传播。但是,同时也带来了挑战,盲目性和自发性成为了社会心理的重要特征。按照普列汉诺夫的文化理论,意识形态是系统化、理论化的社会心理,社会心理只有在意识形态的引导下才能获得良性发展。也就是说,当前的思想政治教育必须引领社会心理的发展方向,思想政治教育才能取得良好的效果。

思想政治教育政策的制定必须抓住社会心理特征。在普列汉诺夫看来,一是形态来源于社会心理,社会心理是低层次的社会意识,具有职业性、阶级性、历史性特征,因此,意识形态的制定必须紧紧抓住社会心理的特征。这就要求开展思想政治教育需要根据不同的行业、不同的阶层,针对不同的人群,制定不同的政策,决不能忽视社会心理的差异性,否则思想政治教育不可能取得效果。

----

① 《普列汉诺夫哲学著作选集》第 2 卷,生活·读书·新知三联书店 1961 年版,第 374 页。

　　我们党历来重视思想政治工作,近年来党中央也越来越重视社会心理的作用。在党的十六届六中全会上,党中央首次提出关注社会心理,要求"注重促进人的心理和谐,加强人文关怀和心理"①,从而为顺利开展思想政治教育奠定基础;在党的十七大上,党中央又一次提出抓住社会心理对于开展思想政治教育的重要性,指出"加强和改进思想政治工作,注重人文关怀和心理疏导,用正确的方式处理人际关系"②;在党的十八大上,党中央再一次提出思想政治工作需要抓住社会心理、引领社会思潮,即"注重人文关怀和疏导,培育自尊自信、理性平和、积极向上的社会心态"③;在党的十八届三中全会上,党中央提出关注青少年的心理健康,即"强化体育课和课外锻炼,促进青少年身心健康、体魄强健"④;在党的十八届四中全会上,党中央又提出法治教育需要抓住社会心理,在全社会形成良好的舆论氛围,即"形成守法光荣、违法可耻的社会氛围,使全体人民都成为社会主义法治的忠实崇尚者、自觉遵守者、坚定捍卫者"⑤。党十九大报告明确指出"加强社会心理服务体系建设,培育自尊自信、理性平和、积极向上的

---

　　①　《十六大以来重要文献选编》(下),中央文献出版社 2008 年版,第336 页。

　　②　《十七大以来重要文献选编》(上),中央文献出版社 2009 年版,第22 页。

　　③　《十八大以来重要文献选编》(上),中央文献出版社 2014 年版,第25 页。

　　④　《十八大以来重要文献选编》(上),中央文献出版社 2014 年版,第535 页。

　　⑤　《中国共产党第十八届中央委员会第四次全体会议公报》,人民出版社 2014 年版,第 7 页。

社会心态"①。因此我国在思想政治教育过程中,要准确把握社会心理及其体现的主体愿望的合理诉求,从而创新思想政治教育,积极关注广大人民群众社会心理,正确引导与调控人民群众的心理向良性化发展。

二、必须正确处理文化的继承与发展的关系

在普列汉诺夫看来,文化具有继承性和发展性的特征。文化具有继承性特征,一方面,经济、政治决定文化,一定时代的文化是一定时代的经济和政治情况的反映,但是,文化发展不是孤立的,它与前一时代或者前几个时代文化是相互关联的。文化具有发展性特征,文化是随着生产力的发展而不断向前发展的,文化的发展是继承基础上的发展,是立足于民族文化,同时积极汲取世界优秀文化基础上的发展。继承性和发展性特征是文化的两个重要特征,继承是发展的基础,发展是继承的升华,二者是相辅相成的。

文化具有继承性特征,一定时代的文化是与前一时代文化或者前几时代的文化紧密联系的,普列汉诺夫强调说:"每个特定时代的思想体系永远是和前一时代的思想体系有密切的——肯定的或否定的——联系。任何特定时代的'智慧状态'只有在与前一时代的智慧状态的联系中才能理解。"②也就是说,他认为新旧文

---

① 习近平:《决胜全面建成小康社会 夺取新时代中国特色社会主义伟大胜利——在中国共产党第十九次全国代表大会上的报告》,人民出版社 2017 年版,第 49 页。
② 《普列汉诺夫哲学著作选集》第 1 卷,生活·读书·新知三联书店 1959 年版,第 740 页。

化之间存在着肯定或否定的联系。肯定性联系是积极的继承关系,主要是指新文化继承旧文化的思想,采用旧文化的方法,它促进了人类文化的历史联系性的发展;否定性联系是指消极的继承关系,主要是指新文化批判旧文化的思想观点和方法,二者发生矛盾,它促使文化发展不断走向客观真理。在普列汉诺夫看来,人类文化的发展离不开肯定性联系和否定性联系的共同作用,二者具有相对性,肯定性联系中包含着否定,否定性联系中包含着肯定,因此,在人类文化发展过程中,文化的继承性是批判性地继承。

文化具有发展性特征,经济和政治决定文化,文化生产力随生产关系的变化而不断地变化发展,对此,普列汉诺夫提出:"人们的相互关系在生产过程中发生变化,而随着相互关系的变化,人们的心理也发生变化。"①而且文化的变化发展"是一个有规律性的过程",是由"人类的实际生活条件所决定的"。②

继承是文化发展的基础,中华民族具有五千多年的悠久发展历史,在这过程中形成了生生不息、生命力强大的中华民族文化。中华民族的优秀传统文化是我们文化发展的根基,只有以普列汉诺夫文化继承理论为指导,继承优秀传统文化,才能更好地发展。对于中华民族的传统文化,需要坚持批判地继承,吸收其优秀成分,抛弃其糟粕成分,努力处理好继承和发展的关系。中国特色社会主义文化的发展,不仅仅需要批判性地继承中华民族传统文化

---

① 《普列汉诺夫哲学著作选集》第 3 卷,生活·读书·新知三联书店 1962 年版,第 177 页。

② 《普列汉诺夫哲学著作选集》第 1 卷,生活·读书·新知三联书店 1959 年版,第 162 页。

的优秀成分,而且需要批判性地继承世界文化的优秀成分。中华民族的优秀传统文化是我们社会主义文化发展的根干,人类创造的一切优秀文化是我们社会主义文化发展的枝叶,社会主义文化的发展既要立足于中华民族的优秀传统文化,又要积极汲取世界文化的优秀成分。

发展是文化的一个重要特征,文化只有不断发展才会有生命力。传统文化是社会主义文化的重要来源之一,但是,社会主义文化不能只是简单地继承,它必须进行创新性发展,只有这样才会有生命力。创新性发展还必须立足文化全球化的现实。在经济、政治全球化的今天,文化全球化已成为不争的事实。一方面,文化全球化促进了世界各国的文化交流和交融,带来了国际化发展的机遇;另一方面,文化全球化也带来了发达国家的文化霸权侵略,如何在文化全球化过程中保持民族文化的特色给各个国家文化的发展带来了挑战。

文化具有民族性和世界性的特征,在普列汉诺夫看来,民族国家文化的发展需要处理二者的关系,在保持自己民族特色的基础上,积极汲取世界文化的优秀成分,不能忽视不同文明国家之间文化的互相影响,世界性特征是文化的一个重要特征。文化具有民族性,普列汉诺夫认为每个国家都具有"自己的特殊的历史环境",每个国家的历史环境与其他国家的历史环境"永远也不会和永远也不可能同它完全一样","历史环境"会影响到"意识形态的发展"。①

---

① 《普列汉诺夫哲学著作选集》第 1 卷,生活·读书·新知三联书店 1961 年版,第 128—129 页。

文化具有世界性特征,普列汉诺夫认为"一个国家的文学和艺术"与"其他国家的文学和艺术"①总是存在着各种各样的联系,这种联系与国家之间的经济政治的相似性相关。

三、必须发挥人民群众在文化建设中的巨大作用

按照社会阶层,普列汉诺夫把俄国当时的文化划分为无产阶级文化、资产阶级文化、知识分子文化、农民文化、大工厂主文化、大商人文化、资产阶级化的地主文化、小工业家文化、小商人文化、手工业者文化等。"我们需要把阶层的觉悟和阶级的觉悟加以严格的区分,从农民的阶级和政治觉悟的发展观点看农民现在的世界观。"②"无产阶级是社会人口最多的阶层,说它最多是因为无产阶级是大工业本身的产物。"③"小工业家、小商人、手工业者和农民等其余的阶级随着大工业的发展而趋于衰落和灭亡。"④

无产阶级是社会人口最多的阶层,说它最多是因为无产阶级是大工业本身的产物。无产阶级成为先进文化代表的条件是:经济上无产阶级是最贫穷的,文化上无产阶级也必须拥有知识,才能

---

① 《普列汉诺夫哲学著作选集》第 2 卷,生活·读书·新知三联书店 1961 年版,第 204 页。

② 《普列汉诺夫哲学著作选集》第 1 卷,生活·读书·新知三联书店 1961 年版,第 107 页。

③ 《普列汉诺夫哲学著作选集》第 1 卷,生活·读书·新知三联书店 1959 年版,第 89 页。

④ 《普列汉诺夫哲学著作选集》第 1 卷,生活·读书·新知三联书店 1961 年版,第 89 页。

获得政治上的统治。① 社会主义革命的依靠力量是工人阶级,他认为工人阶级成为革命依靠力量应具备的素质是:"取决于它的政治觉悟的明确性,取决于它的团结性和组织性。正是它的力量的这些因素,才必定会受到我们社会主义知识分子的影响。"②普列汉诺夫认为俄国无产阶级革命的领导者是社会主义知识分子。他指出无产阶级知识分子领导俄国革命胜利应具备的素质是:"光有才能、毅力和教育是不够的;阴谋者需要有和社会的联系、财富以及有势力的社会地位。而这正是我们的革命知识分子所缺乏的。他们只能与俄国社会上的其他不满分子的联合才能弥补这个缺陷。"③

　　社会主义文化建设的依靠力量是人民群众,在普列汉诺夫看来,人民群众才是社会发展的创造者,是经济、政治和文化发展的推动者和决定性力量。中国特色社会主义文化建设的依靠力量也是广大的人民群众,人民群众是社会主义文化建设的主体,社会主义文化建设必须重视文化主体的作用。在当今全球化、信息化时代,各种社会思潮涌动,传播途径繁多,人们的思想观念会受到冲击,在这种社会形势下,要重视文化主体建设,尊重人民群众的创造性精神已成为时代需求。只有最大限度地发挥人民群众的主动

---

　　① 《普列汉诺夫哲学著作选集》第 1 卷,生活·读书·新知三联书店 1959 年版,第 89 页。

　　② 《普列汉诺夫哲学著作选集》第 1 卷,生活·读书·新知三联书店 1959 年版,第 113—114 页。

　　③ 《普列汉诺夫哲学著作选集》第 1 卷,生活·读书·新知三联书店 1959 年版,第 110 页。

性和创造性,马克思主义理论才能得到人民群众的认可,人民群众才能自觉践行这一理论。

　　中国共产党自从 1921 年成立那一天开始,工人阶级就成为了领导阶级,我们党始终坚持把人民群众的利益放在第一位,始终坚持尊重人民群众的创造精神,也正是这个原因,才促使我们党始终能够获得人民群众的信任,才能取得革命和建设的一个又一个的胜利。在革命战争年代,我们党能够取得革命战争的胜利,根本原因就是我们代表人民群众的利益,最大限度地发挥了人民群众的力量;在新中国成立后,公有制经济取得了主体地位,工人阶级仍然是领导阶级,我们依然坚持代表广大人民群众的利益,依然依靠人民群众进行社会主义建设;当前,我们的社会转型期,各种社会矛盾比较严重,社会主义建设面临来自国内和国外的众多考验,在这种社会形势下,我们更需要始终坚持把人民群众的利益放在第一位,始终坚持尊重人民群众的创造精神,我们才能战胜众多考验,取得中国特色社会主义建设的胜利。

　　"必须更加自觉地把以人为本作为深入贯彻落实科学发展观的核心立场,始终把实现好、维护好、发展好最广大人民根本利益作为党和国家一切工作的出发点和落脚点,尊重人民首创精神,保障人民各项权益,不断在实现发展成果由人民共享、促进人的全面发展上取得新成效。"①党的十九大报告强调坚持以人民为中心的发展思想,促进人的全面发展和全体人民共同富裕,报告中指出:

————————

　　①　《十八大以来重要文献选编》(上),中央文献出版社 2014 年版,第7 页。

"要坚持为人民服务、为社会主义服务,坚持百花齐放、百家争鸣,坚持创造性转化、创新性发展,不断铸就中华文化新辉煌。"①中国共产党始终是中国无产阶级根本利益的代表,是最广大人民群众根本利益的代表。当然,价值观念作为思想上层建筑的一部分,必然受经济基础的决定,随经济基础的变化而相应地改变。在革命战争时期,共产党人把为人民谋利益作为其价值观念的核心;在发展市场经济的条件下,共产党人依然把为人民谋利益作为其价值观念的核心。可见,这一点绝不会因环境和条件的改变而改变,而且随着实践的发展又不断增添新的内容,使其具体化。在当前经济利益多元化发展趋势下,共产党人还是把为人民谋利益作为其价值观念的核心。从这一最高的价值评价标准出发,共产党人始终代表中国最广大人民群众的根本利益。中国共产党的群众路线就是一切为了群众,一切依靠群众,从群众中来,到群众中去,除了人民群众的利益以外共产党没有任何的个人私利,这是我们应当始终坚持和提倡的无产阶级价值观。人民群众的利益至高无上,这仍然是新的历史条件下中国共产党所坚持和提倡的工人阶级价值观的根本点。当然,市场经济的发展,有其积极的一面,也有其消极的一面。在经济利益多元化的现实面前,一些腐朽的思想文化开始滋生,腐化堕落现象屡有发生,这不仅严重败坏了社会风气,而且极大地损害了人民群众的根本利益。因此,能不能经得起考验,继续坚持以广大人民群众的根本利益为重,能不能不辜负广

---

① 习近平:《决胜全面建成小康社会 夺取新时代中国特色社会主义伟大胜利——在中国共产党第十九次全国代表大会上的报告》,人民出版社 2017 年版,第 41 页。

大人民群众的重托,成为摆在共产党人面前的一个时代新问题。面对着市场经济所带来的种种考验,我们必须始终坚持在维护人民群众根本利益的基础上来规范党的一切言行,全心全意为人民谋利益。唯此,我们才能引领社会风气,在新的历史进程中不断修正错误,使人民群众团结在党的周围,为中国特色社会主义伟大事业的蓬勃发展而共同努力奋斗。

四、在新的实践中坚持和发展普列汉诺夫文化理论

通过研究,我们发现普列汉诺夫文化理论具有重要的价值,所以在今天的社会主义文化建设中,我们需要坚持普列汉诺夫文化理论。普列汉诺夫文化理论当然也具有一定的历史局限性,所以我们需要吸取普列汉诺夫的历史教训,在新的实践中我们需要进一步发展普列汉诺夫文化理论。

1. 在新的实践中坚持普列汉诺夫文化理论

坚持以马克思主义理论作为指导,特别是坚持马克思、恩格斯文化理论的指导,立足于俄国的革命斗争的现实,普列汉诺夫深入地研究了一系列文化问题,形成了普列汉诺夫文化理论。从总体来看,普列汉诺夫文化理论属于马克思主义文化理论的重要组成部分,为马克思主义文化理论的发展作出了重要的贡献。也就是说,一方面,我们不能忽视普列汉诺夫文化理论对于马克思、恩格斯文化理论的继承、发展作用,对于列宁文化理论形成的启发作用,对于国际共产主义运动发展的指导作用;另一方面,我们应该重视其对于我们今天进行社会主义文化建设的指导作用等。

坚持普列汉诺夫文化理论,就是要坚持其基本理论。普列汉

诺夫坚持以马克思主义基本原理作为指导,具体阐明了什么是文化和怎样对待文化等基本问题,也就是探讨了文化的本体理论和文化实践理论。文化本体理论主要包括:立足于社会实践探讨的文化的发生发展理论、立足于生产力的决定作用探讨的文化的本质与内涵理论,立足于社会结构探讨的文化结构理论,立足于认识论探讨的文化功能理论等。文化实践理论主要包括:知识分子是领导力量,无产阶级是依靠力量的文化实践主体理论;坚持创新原则、坚持与实际结合原则的文化实践原则理论;启发无产阶级自觉意识,保证无产阶级革命运动的顺利进行的文化实践任务理论。

　　普列汉诺夫始终坚持以马克思主义理论作为指导,以满足于俄国革命的具体实践,形成了由文化的内涵特征、文化的发生发展、文化的结构功能等构成的文化本体理论,和文化的实践主体、文化的实践原则、文化实践的任务理论构成的实践理论共同组成的文化理论体系。一方面,这一理论体系坚持了马克思、恩格斯基本理论的指导,这是对马克思、恩格斯文化理论基本精神的坚持;另一方面,这一理论结合实践继续深化了马克思、恩格斯关于文化理论的基本观点,提出了马克思、恩格斯没有涉及的一些新观点,这是对马克思、恩格斯文化理论的发展。也就是说,普列汉诺夫文化理论是马克思主义文化理论的重要组成部分,它包含的基本思想、基本精神是具有生命力的。因此,今天,普列汉诺夫文化理论对于我们坚持和发展马克思主义文化理论,进行社会主义文化建设依然具有指导意义。

　　2.在新的实践中发展普列汉诺夫文化理论

　　普列汉诺夫文化理论固然具有重要的价值,但是,我们必须看到普列汉诺夫文化理论具有缺点和历史局限性。这主要表现在两个方面：首先，普列汉诺夫侧重纯粹的文化理论研究，缺乏与俄国的具体革命实践的结合。由于普列汉诺夫长期居住在西欧，远离俄国革命的具体实践，这使得他不能及时掌握俄国革命的最新动态，不能掌握俄国文化发展的具体实际情况。这是他政治上走上机会主义的一个根本原因。理论应该随着实践的发展而不断向前发展，远离俄国革命的实践，这也就造成了他的文化理论不能随着实践的发展而不断向前发展。具体来看，这主要表现在普列汉诺夫对于文化领导权的认识方面，他认为当时的俄国处在不发达的资本主义阶段，这时无产阶级革命的任务就是扶助资产阶级进行资产阶级革命，革命的性质应该是指资产阶级革命，革命的目的是促进资本主义社会生产力的进一步发展，为社会主义革命奠定经济基础。因而，他对于文化的研究也就局限于文化理论方面，侧重于文化本体论的研究，对于文化的内涵特征、发生发展、结构功能等研究较多，没有意识到与革命实践相结合制定相应的文化政策的重要性。而列宁却立足于俄国革命的实践，紧紧抓住帝国主义的时代特征，认为在帝国主义统治最薄弱的俄国可以跨越"卡夫丁"大峡谷，首先取得社会主义革命的胜利。因此，列宁能够立足俄国革命的实际，在理论和实践中进一步坚持了马克思、恩格斯的文化理论。

其次，普列汉诺夫文化理论研究缺乏创造性的发展。自从普列汉诺夫确立了马克思主义的信仰，成为了一名马克思主义者的那一天起，他就坚持马克思主义理论的指导，从而促进了他的文化理论的形成和发展。在文化理论的形成和发展期，他提出了较多的独具特色的文化理论,包括:社会心理理论、"五项因素"公式理论、地理环境作用于文化的理论、个人在历史上的作用理论等。在政治上犯错误的时期,也仍然坚持马克思主义的信仰,坚持马克思主义理论的指导,进一步深入研究文化,在艺术、宗教、俄国文化等方面取得了较大的成就,可以说,这一时期的文化理论在性质上仍然是马克思主义的,这一点,是毋庸置疑的。可是,对于马克思主义者来说,坚持马克思主义固然重要,但是,发展马克思主义更加重要。20世纪初,世界经济和政治形势发生了重大的变化,世界市场形成,垄断资本主义走向了统治地位,从而,形成了帝国主义。普列汉诺夫没有能够认识到时代形势的变化对于文化发展的影响,它的文化研究仍然滞留在对历史唯物主义的阐释阶段。因此,从一定意义上来说,普列汉诺夫文化理论研究坚持和发展了马克思主义文化理论,但是,更多的是坚持,缺乏创造性地发展。

　　普列汉诺夫文化理论研究坚持马克思主义理论的指导,提出了较多的著名文化理论,形成了相对完整的文化理论体系,但是,由于缺乏与实践的紧密结合,缺乏对于时代形势的及时把握。因此,虽然他的文化理论坚持了马克思主义理论的指导,基本上属于马克思主义的性质,但是他的文化理论缺乏创造性发展。时势呼唤英雄,在帝国主义形成的时代,英雄属于像列宁一样能够坚持理论与实践相结合,紧紧抓住时代形势变化的人物。对于马克思主义来说,坚持固然重要,但是发展更重要,只有坚持不断发展,马克思主义才会有生命力。普列汉诺夫未能将马克思、恩格斯文化理论与时代主题和时代特征相结合,未能突破马克思、恩格斯文化理论的时代局限性,未能把理论与实践相结合,未能及时应对时代的挑战,未能及时吸收与时代相符合的新内容,未能将时代的挑战及时转化为发展的动力,因此,最终未能与时俱进地发展马克思主义文化理论,未能实现马克思主义文化理论发展的时代化。列宁立足于马克思、恩格斯的文化理论,及时关注到了时代主题和特征的变化,与时俱进地把马克思、恩格斯的文化理论与这一时代主题、特征相结合,实现了马克思主义文化理论发展的时代化,把马克思主义文化理论发展推向了新阶段,开辟了马克思主义文化理论发展的新境界。能否把理论紧密联系实际,及时抓住时代特征,与时俱进地发展马克思主义文化理论,就成了他们的分水岭。如果不能做到这一点,其研究结果可能在性质上属于马克思主义,算是能够做到坚持马克思主义,但是不能创造性地发展马克思主义,普列汉诺夫就属于这一类型的马克思主义者。对待马克思主义,做到坚持马克思主义固然重要,但是,更重要的是能够与实践相结合,与时俱进地发展马克思主义。实践性是马克思主义的根本特征,是马克思主义的生命力所在。只有做到理论与实践相结合,才能紧紧抓住时代特征,发展马克思主义,从而做到坚持马克思主义与发展马克思主义的统一。

结　　语

在社会主义现代化建设中,文化建设具有重要的战略意义,对社会发展具有重要的影响作用。因此,研究文化具有重要的现实意义。但是,研究文化不仅仅需要研究今天的文化理论,也需要研究马克思主义发展史上的重要历史人物的文化理论。普列汉诺夫作为马克思主义发展史上的重要历史人物,他的文化理论具有重要的研究价值。但是,目前为止,学界对普列汉诺夫文化理论研究较少,本书力图从整体系统化地研究普列汉诺夫文化理论,这将有助于深化对于普列汉诺夫文化理论研究。在马克思主义发展史上,普列汉诺夫起到了承前启后的作用,普列汉诺夫文化理论也起到了同样的作用,一方面,是对马克思、恩格斯文化理论的继承、丰富和发展;另一方面,也对列宁文化理论的形成起到了引领的作用。因此,深入细致地研究普列汉诺夫文化理论,可以深入地把握马克思主义文化理论与时俱进的时代精神和理论品格。在现实实践中,要加强马克思主义文化建设,必须在理论方面加强马克思主义文化研究,而从马克思主义发展史上重要人物的文化理论入手,挖掘其深刻内涵,是其中非常重要的一个方面,普列汉诺夫就是马克思主义发展史上的一个重要历史人物,他的文化理论可以为加强马克思主义文化建设提供重要的理论依据。在当今,进行中国特色社会主义文化建设也迫切需要加强文化理论研究,其原因在于,一方面,全球化使得各民族文化之间出现了交融与冲突的图景;另一方面,我国社会发展正处于转型期,人们思想文化呈现出多元文化的特点,这其中,既出现了主导文化的失范问题,也出现了多元文化的冲突问题。坚持以马克思主义为指导,是中国特色社会主义文化建设必须坚持的发展方向,马克思主义在多元文化体系中居于主导地位。普列汉诺夫作为马克思主义发展史上的重要人物,研究他的文化理论也必将为我们中国特色社会主义文化建设提供重要的借鉴作用。尽管这些文化理论在具体内容上可能有与当今时代发展不适合的方面,但是其基本精神、基本原则和基本方法依然是具有指导意义的。离开了这些文化理论,我们社会主义文化建设就不可能真正把握马克思主义文化的基本精神。普列汉诺夫一生在政治上复杂多变,但其文化理论仍然取得了巨大的成就,这也就出现政治立场与文化理论矛盾的现象。但是,探讨文化理论和政治立场之间出现矛盾现象的原因,也可以为解决各种现实文化建设和文化发展问题提供有益的借鉴。本书坚持逻辑与历史相统一的方法,揭示了普列汉诺夫文化理论形成的主客观条件、发展的过程、基本内容、历史地位和当代意义等。对普列汉诺夫文化理论的研究也采用了逐步深入、追根溯源的方法,在占有翔实丰富的原始材料的基础上,这包括重要文献资料和重要论著等,来把握普列汉诺夫文化理论的思想脉搏,采用通过分析总体来把握部分,通过分析部分来丰富总体的原则,挖掘、提炼、分析普列汉诺夫的著作,找出普列汉诺夫文化理论的内在骨骼支撑,按照由纵向的历史发展轨迹到横向的基本内容,再到现实的启示意义的逻辑脉络,对这一理论分别从普列汉诺夫文化理论形成的主客观条件、发展的历史轨迹、基本内容、历史地位及当代意义等方面进行了挖掘和提炼,从中不难发现普列汉诺夫文化理论具有深远意义的方法论原则和深刻启示。其中,普列汉诺夫文化理论的历史发展过程和基本内容,不但是本书研究的重点,也是难点和创新点。本书并不是简单地论述普列汉诺夫的理论活动和政治活动,而是尽最大可能地把普列汉诺夫文化理论的历史发展过程予以深刻地、客观地、全面地再现,从而揭示出普列汉诺夫在各个历史时期做出不同价值选择的客观历史背景和个人的精神追求。但是,普列汉诺夫文化理论内容丰富、涉及面广,尽管在写作中,笔者尽最大可能地提炼出普列汉诺夫文化理论的精华,但因个人马克思主义理论基础较为薄弱,难以全面地把普列汉诺夫文化理论的精髓要义呈现出来。本书只是尝试从以上几个方面对普列汉诺夫文化理论进行初步探究,由于笔者学术功底不够深厚、理论素养仍待提高、资料把握能力不够,文中所概述和提出的一些观点和问题,如对普列汉诺夫文化理论的文化本体论、文化实践论和文化具体论的概述,还需要进一步凝练和提升。今后,笔者一定在理论上进一步积累,在学术上进一步探究,力求在普列汉诺夫文化理论的研究上取得新的建树。

参考文献

一、经典著作及文献

《马克思恩格斯全集》第 16、23、34 卷,人民出版社 1965、1979、1972 年版。

《马克思恩格斯选集》第 1—4 卷,人民出版社 2012 年版。

《马克思恩格斯文集》第 1、2、5 卷,人民出版社 2009 年版。

《列宁全集》第 2、4、7、12、13、17、18、19、20、24、27、31、32、40、46、54 卷,人民出版社 2014、2014、2014、1987、1987、1988、1988、1989、1989、1990、1990、1985、1985、1986、1990、1990 年版。

《斯大林全集》第 4 卷,人民出版社 1956 年版。

《毛泽东选集》第 1—4 卷,人民出版社 1991 年版。

《毛泽东文集》第 1—8 卷,人民出版社 1993—1999 年版。

《建国以来毛泽东文稿》第 2 卷,中央文献出版社 1988 年版。

《邓小平文选》第一至三卷,人民出版社 1993—1994 年版。

《江泽民文选》第一至三卷,人民出版社 2006 年版。

习近平:《在纪念孔子诞辰 2565 周年国际学术研讨会暨国际

儒学联合会第五届会员大会开幕会上的讲话》,人民出版社 2014 年版。

习近平:《在文艺座谈会上的讲话》,人民出版社 2015 年版。

习近平:《在哲学社会科学工作座谈会上的讲话》,人民出版社 2016 年版。

习近平:《在庆祝中国共产党成立 95 周年大会上的讲话》,人民出版社 2016 年版。

《习近平关于社会主义文化建设论述摘编》,中共中央党史和文献研究院 2017 年版。

《习近平新时代中国特色社会主义思想三十讲》,学习出版社 2018 年版。

《十二大以来重要文献选编(上、中、下)》,中央文献出版社 1986—1988 年版。

《十三大以来重要文献选编(上、中、下)》,中央文献出版社 1991—1993 年版。

《十四大以来重要文献选编(上、中、下)》,中央文献出版社 1996—1999 年版。

《十五大以来重要文献选编(上、中、下)》,中央文献出版社 2000—2003 年版。

《十六大以来重要文献选编(上、中、下)》,中央文献出版社 2005—2008 年版

《十七大以来重要文献选编(上、中、下)》,中央文献出版社 2009—2012 年版。

《十八大以来重要文献选编精装版(上、中、下)》,中央文献出

版社 2018 年版。

《十九大以来重要文献选编(上)》,中央文献出版社 2019 年版。

二、中文著作

曹维安:《俄国史新论》,中国社会科学出版社 2002 年版。

陈启能:《普列汉诺夫》,商务印书馆 1964 年版。

陈华文:《文化学概论新编》,首都经济贸易大学出版社 2009 年版。

程正民:《文艺社会学传统与现代》,武汉大学出版社 1994 年版。

程正民:《卢那察尔斯基文艺理论批评的现代阐释》,北京大学出版社 2006 年版。

高放、高敬增:《普列汉诺夫评传》,中国人民大学出版社 1985 年版。

高放、高敬增:《普列汉诺夫年谱》,中国人民大学出版社 1986 年版。

高放、黄达强:《社会主义思想史》,中国人民大学出版社 1987 年版。

高齐云:《马克思主义哲学体系的原生、次生、再生形态:论马克思主义哲学体系的形成和发展》,中山大学出版社 1990 年版。

高占祥:《文化力》,北京大学出版社 2007 年版。

郭建宁:《社会主义核心价值观基本内容释义》,人民出版社 2014 年版。

何梓焜:《普列汉诺夫哲学思想述评》,中山大学出版社 1987年版。

黄见德:《西方哲学在当代中国》,华中理工大学出版社 1996年版。

黄楠森、庄福龄:《马克思主义哲学史》,人民出版社 1994年版。

李华钰等主编:《马克思主义哲学的历史与现状》第 2 卷,南京大学出版社 1989 年版。

李清崑、王秀芳:《普列汉诺夫与唯物史观》,河北人民出版社1984 年版。

李清崑:《唯物史观与哲学史》,河北人民出版社 1992 年版。

李士菊:《科学无神论研究》,人民出版社 2002 年版。

连铗、周忠厚、蒋培坤:《国外马克思主义文论家文论选评》,中国人民大学出版社 1991 年版。

梁漱溟:《东西文化及其哲学》,商务印书馆 2006 年版。

林德宏:《科学思想史》,江苏科学技术出版社 1985 年版。

刘方喜、陈定家、丁国旗:《马克思恩格斯列宁斯大林论文艺与文化》(上、下),中国社会科学出版社 2012 年版。

刘明君等:《多元文化冲突与主流意识形态建构》,中国社会科学出版社 2008 年版。

楼昔勇:《普列汉诺夫美学思想研究》,上海人民出版社 1990年版。

陆贵山、周忠厚:《马克思主义文艺论著选讲》,中国人民大学出版社 2011 年版。

《马克思恩格斯列宁斯大林毛泽东邓小平江泽民论工人阶级政党的先进性》，人民出版社 2003 年版。

马奇：《艺术的社会学解释——普列汉诺夫美学思想述评》，中国人民大学出版社 1988 年版。

马立诚：《最近四十年中国社会思潮》，东方出版社 2015 年版。

梅荣政：《用马克思主义引领社会思潮》，武汉大学出版社 2008 年版。

潘天强：《新编马克思主义文艺学》，复旦大学出版社 2005 年版。

邱运华等：《19—20 世纪之交俄国马克思主义文学思想史论》，北京大学出版社 2006 年版。

《瞿秋白文集第二集》，人民文学出版社 1953 年版。

钱乘旦：《欧洲文明：民族的融合与冲突》，贵州人民出版社 1999 年版。

任春晓：《环境哲学新论》，江西人民出版社 2003 年版。

汝信：《唯物史观发展史》，吉林人民出版社 1985 年版。

《苏联共产党代表大会代表会议和中央全会决议汇编》，人民出版社 1964 年版。

孙伯鍨、侯惠勤主编：《马克思主义的历史与现状》第 1 卷，南京大学出版社 1988 年版。

童庆炳：《马克思与现代美学》，高等教育出版社 2001 年版。

童庆炳：《文学艺术与社会心理》，高等教育出版社 1997 年版。

王荫庭:《普列汉诺夫读本》,中央编译出版社 2010 年版。

王荫庭:《普列汉诺夫哲学新论》,北京出版社 1988 年版。

王修智等:《马克思恩格斯列宁领导理论研究》,人民出版社 2008 年版。

王秀芳:《美学·艺术·社会》,河北人民出版社 1987 年版。

徐艳玲:《全球化、反全球化思潮与社会主义》,山东人民出版社 2005 年版。

许明:《马克思主义美学思想史》第 1 卷,中央编译出版社 1999 年版。

许鹏:《中介的探索:文艺社会心理研究》,中国人民大学出版社 1992 年版。

姚海:《俄罗斯文化》,上海社会科学院出版社 2005 年版。

于中涛:《地理环境的社会作用与科学发展观》,天津社会科学院出版社 2005 年版。

张光明:《普列汉诺夫文选》,人民出版社 2010 年版。

张建华:《俄国知识分子思想史导论》,商务印书馆 2008 年版。

张冰:《俄罗斯文化解读》,济南出版社 2006 年版。

赵勇:《在历史与人文之间徘徊:童庆炳文学专题论集》,北京师范大学出版社 2007 年版。

周宏:《理解与批判——马克思意识形态理论的文本学研究》,生活·读书·新知三联书店 2003 年版。

周宏:《现代西方哲学论略》,苏州大学出版社 2003 年版。

周向军等:《新中国马克思主义中国化 60 年》,云南教育出版社 2009 年版。

周向军:《走向理想的精神家园》,山东大学出版社 2002
年版。

周向军等:《精神文明发展规律论》,山东大学出版社 2005
年版。

张晓忠:《列宁全球化思想及其中国化研究》,人民出版社
2012 年版。

三、译著

[美]阿尔温·托夫勒:《第三次浪潮》,朱志焱等译,生活·读
书·新知三联书店 1982 年版。

[英]阿雷恩·鲍尔德威等著,陶东风等译:《文化研究导论》,
高等教育出版社 2011 年版。

[法]爱尔维修:《十八世纪法国哲学》,商务印书馆 1963
年版。

[美]艾恺:《世界范围内的反现代化思潮——论文化守成主
义》,贵州人民出版社 1991 年版。

[俄]艾娃·汤普逊:《理解俄国:俄罗斯文化中的圣愚》,生
活·读书·新知三联书店 1998 年版。

[俄]柏德洛夫等著,何国华译:《学习列宁关于文化教育的若
干指示》,湖北人民出版社 1956 年版。

[俄]波克罗夫斯基:《俄国历史概要》上、下卷,商务印书馆
1994 年版。

[俄]别尔加耶夫著,邱守娟译:《俄罗斯思想》,生活·读书·

新知三联书店 1991 年版。

[美]丹尼尔·贝尔,张国清译:《意识形态的终结》,江苏人民出版社 2002 年版。

顿尼克、约夫楚克等主编,齐力译:《哲学史》第 5 卷,生活·读书·新知三联书店 1976 年版。

《俄国哲学史论文集》,生活·读书·新知三联书店 1957 年版。

[苏]福米娜:《普列汉诺夫的哲学遗产》,生活·读书·新知三联书店 1957 年版。

[苏]福米娜:《普列汉诺夫的哲学观点》,上海人民出版社 1957 年版。

[苏]福米娜:《普列汉诺夫的文学和艺术观》,新文艺出版社 1958 年版。

[苏]弗·让·凯勒编,陈文江、吴俊远等译:《文化的本质与历程》,浙江人民出版社 1989 年版。

[德]黑格尔:《精神现象学》(上、下),商务印书馆 1979 年版。

[德]黑格尔:《小逻辑》,商务印书馆 1980 年版。

[德]黑格尔:《哲学史讲演录》1—4 卷,商务印书馆 1978 年版。

[美]亨廷顿著,周琪等译:《文明的冲突与世界秩序的重建》,新华出版社 2002 年版。

[苏]克鲁普斯卡娅:《列宁回忆录》,人民出版社 1971 年版。

[美]克拉克·S.贾吉:《美国的文化霸权:21 世纪主宰全球的希望?》,社会科学文献出版社 2005 年版。

［法］拉法格:《唯心史观和唯物史观》,生活·读书·新知三联书店1965年版。

［英］雷蒙·威廉斯著,高晓玲译:《文化与社会》,吉林出版集团2011年版。

［苏］列夫·托洛茨基:《论列宁》,生活·读书·新知三联书店1980年版。

［美］露丝·本尼迪科特:《文化模式》,生活·读书·新知三联书店1988年版。

［英］洛伦·R.格雷厄姆,叶式辉、黄一勤译:《俄罗斯和苏联科学简史》,复旦大学出版社2000年版。

［苏］米·约夫楚克、伊·库尔巴托娃:《普列汉诺夫传》,生活·读书·新知三联书店1980年版。

［俄］M.P.泽齐娜等:《俄罗斯文化史》,上海译文出版社2005年版。

［俄］娜·康·克鲁普斯卡娅:《列宁回忆录》,人民出版社1982年版。

［俄］尼·亚·别尔嘉耶夫:《俄罗斯的命运》,云南人民出版社1999年版。

［苏］普列汉诺夫:《无政府主义和社会主义》,生活·读书·新知三联书店1965年版。

［苏］普列汉诺夫:《工团主义和社会主义》,人民出版社1984年版。

［苏］普列汉诺夫:《论空想社会主义》上卷,商务印书馆1980年版。

［苏］普列汉诺夫:《社会主义与政治斗争》,生活·读书·新知三联书店 1961 年版。

［苏］普列汉诺夫:《我们的意见分歧》,生活·读书·新知三联书店 1961 年版。

［苏］普列汉诺夫:《尼·加·车尔尼雪夫斯基》,上海译文出版社 1981 年版。

［苏］普列汉诺夫:《在祖国的一年》,生活·读书·新知三联书店 1980 年版。

［苏］普列汉诺夫:《没有地址的信:艺术与社会生活》,人民文学出版社 1962 年版。

［苏］普列汉诺夫:《普列汉诺夫美学论文集》,人民出版社 1983 年版。

［苏］普列汉诺夫:《普列汉诺夫机会主义文选》上下册,生活·读书·新知三联书店 1964—1965 年版。

［苏］普列汉诺夫:《论西欧文学》,人民文学出版社 1957 年版。

《普列汉诺夫哲学著作选集》第 1、2、3、4、5 卷,生活·读书·新知三联书店 1959、1961、1962、1974、1984 年版。

［苏］普列汉诺夫:《俄国社会思想史》第 1—3 卷,商务印书馆 2009 年版。

［苏］普列汉诺夫:《社会科学的基本问题》,商务印书馆 1937 年版。

［苏］普列汉诺夫:《俄国社会思想史》,商务印书馆 1997 年版。

[俄]T.C.格奥尔基耶娃,焦东建、董茉莉译:《俄罗斯文化史》,商务印书馆2006年版。

[美]塞缪尔·亨廷顿、劳伦斯·哈里森:《文化的重要作用》,新华出版社2001年版。

[俄]斯米尔诺夫著,慧文译:《列宁斯大林论文化和文化革命》,明天出版社1953年版。

[苏]谢德洛夫、米亚斯尼柯夫:《普列汉诺夫》,生活·读书·新知三联书店1956年版。

雅克·斯莫兰:《电波里出自由》,吉林人民出版社2000年版。

[俄]叶琳娜·米哈伊洛芙娜、斯科瓦尔佐娃著,王亚民,张淑明,黄宏伟译:《文化理论与俄罗斯文化史》,敦煌文艺出版社2003年版。

[俄]以赛亚·伯林著,彭淮栋译:《俄国思想家》,译林出版社2011年版。

[俄]约夫楚克、库尔巴托娃:《普列汉诺夫传》,生活·读书·新知三联书店1980年版。

[俄]亚历山大·季诺维也夫:《俄罗斯共产主义的悲剧》,新华出版社2004年版。

[苏]伊布拉斯拉夫斯基编:《第一国际第二国际历史资料》,中国人民大学编译室译,生活·读书·新知三联书店1964年版。

[苏]约·阿·克雷维列夫:《宗教史》(下),乐峰等译,中国社会科学出版社1984年版。

[英]约翰·斯道雷著,常江译:《文化理论与大众文化导论》,

北京大学出版社 2010 年版。

[美]约翰·A.霍尔:《文化:社会学的视野》,商务印书馆 2002 年版。

[美]约瑟夫·奈,吴晓辉,钱程译:《软力量——世界政治中的成功手段》,东方出版社 2004 年版。

[俄]尤阿·布拉诺夫:《被篡改的列宁遗嘱》,新华出版社 1999 年版。

[苏]祖波克主编,南开大学外文系译:《第二国际史》,人民出版社 1984 年版。

四、主要学术论文

艾福成:《马克思的唯物史观与社会哲学》,《吉林大学社会科学学报》2003 年第 1 期。

安延明:《关于马克思主义哲学基础问题的历史沉思——论普列汉诺夫·斯大林·卢卡奇对马克思主义哲学基础的理解》,《复旦学报(社会科学版)》1985 年第 3 期。

白小斌:《论普列汉诺夫对唯物史观的贡献》,《常熟理工学院学报》2009 年第 5 期。

包毅、田启波:《列宁是布朗基主义者吗——答普列汉诺夫对列宁革命理论的责难》,《山东师范大学学报(人文社会科学版)》2011 年第 3 期。

毕芙蓉:《符号学视阈中的马克思意识形态》,《黑龙江社会科学》2012 年第 12 期。

蔡朝辉:《冯雪峰与普列汉诺夫》,《天府新论》2007 年第

5 期。

陈桂芝:《毛泽东社会主义文化观与马克思列宁主义文化理论》,《学术交流》2009 年第 6 期。

陈启懋:《列宁和普列汉诺夫:世界社会主义运动中跨世纪的大辩论》,《俄罗斯研究》2008 年第 6 期。

陈启能:《一个本本主义者的悲剧》,《世界历史》1980 年第 5 期。

陈启能:《美国著名的普列汉诺夫专家巴伦教授》,《世界历史》1986 年第 2 期。

陈启能:《普列汉诺夫论十九世纪空想社会主义》,《史学月刊》1981 年第 1 期。

陈志雄:《试论普列汉诺夫》,《河南大学学报》1980 年第 4 期。

陈辽:《论普列汉诺夫对马克思主义美学思想的发展》,《齐鲁学刊》1986 年第 2 期。

程婧:《浅析普列汉诺夫与列宁的分歧》,《重庆科技学院学报(社会科学版)》2010 年第 9 期。

邓超:《对普列汉诺夫评价的几点思考》,《当代世界与社会主义》2017 年第 4 期。

丁国旗:《普列汉诺夫文艺思想在中国考察》,《阅江学刊》2014 年第 1 期。

樊大为:《论普列汉诺夫的文艺观》,《河北大学学报(哲学社会科学版)》1985 年第 4 期。

何关根:《改革、发展和稳定关系的理论是社会基本矛盾理论

的重大发展》,《西南师范大学学报(人文社科版)》2001 年第
1 期。

高放:《普列汉诺夫在历史上的作用》,《江西社会科学》1994
第 7 期。

高翔:《普列汉诺夫的文艺生态观》,《辽宁省哲学社会科学首
届学术年会论文集》,2007 年。

戈士国:《普列汉诺夫:唯物辩证法视域中的意识形态》,《常
熟理工学院学报》2011 年第 3 期。

姜平平、李建:《浅析民粹主义对普列汉诺夫的影响》,《新财
经(理论版)》2010 年第 4 期。

谷少杰:《无产阶级理论家的社会心理理论及其当代启
示——从马克思到普列汉诺夫、列宁》,《湖南行政学院学报》2012
年第 5 期。

谷少杰:《马克思恩格斯文化思想探析》,《哈尔滨市委党校学
报》2012 年第 1 期。

高放:《普列汉诺夫功过之源》,《湖北大学学报(哲学社会科
学版)》1984 年第 4 期。

高放:《普列汉诺夫与中国》,《湖北大学学报(哲学社会科学
版)》1985 年第 6 期。

高宁:《普列汉诺夫论个人在历史上的作用及其启示》,《重庆
科技学院学报(社会科学版)》2011 年第 24 期。

高磊:《普列汉诺夫的〈艺术与社会生活〉思想研究》,《内蒙古
师范大学学报》2013 年第 1 期。

潘西华、赵军:《从政治领导权到文化领导权——列宁与葛兰

西无产阶级文化领导权思想比较研究》,《科学社会主义》2009 年第 6 期。

黄力之:《文化研究视野中的马克思主义意识形态理论》,《天津行政学院学报》2008 年第 3 期。

李杰:《普列汉诺夫的史学方法论及其评价》,《山东社会科学》2011 年第 7 期。

李萍:《论马克思意识形态理论的逻辑起点》,《河北大学学报(哲学社会科学版)》2011 年第 6 期。

韩雅丽:《彻底的唯物主义一元论的历史观——论普列汉诺夫的"五项因素公式"理论》,《学习与探索》2006 年第 5 期。

何梓焜:《普列汉诺夫论马克思主义哲学体系》,《中山大学学报(社会科学版)》1990 年第 3 期。

黄沁茗:《普列汉诺夫的社会结构"五层次论"的理论蕴涵及历史与现实意义》,《湖北社会科学》2009 年第 2 期。

侯尚智:《论普列汉诺夫在政治上的演变》,《兰州大学学报(社会科学版)》1980 年第 4 期。

郝瑞斌:《政治立场对普列汉诺夫宗教研究的影响》,《求索》2011 年第 5 期。

胡俊:《"颠倒":作为马克思意识形态理论中的核心》,《黑龙江社会科学》2012 年第 12 期。

胡明:《经典的流播与纠察——瞿秋白译介普列汉诺夫文艺理论的历史是非》,《陕西师范大学学报(哲学社会科学版)》2008 年第 1 期。

胡为雄:《普列汉诺夫对上层建筑的解释及其评价》,《湖北经济学院学报》2010 年第 6 期。

黄军甫:《普列汉诺夫〈政治遗嘱〉的启示——苏联解体的政治文化缘由》,《中国浦东干部学院学报》2013 年第 1 期。

姜晶波:《论普列汉诺夫对马克思主义哲学的贡献》,《黑龙江教育学院学报》2004 年第 6 期。

金哲:《论普列汉诺夫"社会心理"中介论的当代价值》,《长江师范学院学报》2019 年第 1 期。

贾孝敏:《我国社会心理研究 40 年:回顾与展望》,《社会科学动态》2018 年第 10 期。

靳会新:《俄罗斯民族性格形成的历史文化因素》,《俄罗斯中亚东欧研究》2011 年第 2 期。

冷允清:《普列汉诺夫实践活动初探》,《山西大学学报(哲学社会科学版)》1988 年第 3 期。

李杰:《普列汉诺夫的历史认识论及其评价》,《山东社会科学》2010 年第 5 期。

李杰:《普列汉诺夫的史学方法论及其评价》,《山东社会科学》2011 年第 7 期。

李杰:《普列汉诺夫对俄国历史进程相对特殊性的研究》,《山东社会科学》2009 年第 9 期。

李延明:《恩格斯的"中间因素"与普列汉诺夫的"中间环节"》,《理论探索》2009 年第 3 期。

李忠杰:《普列汉诺夫何时成为马克思主义者?》,《吉林师范大学学报(人文社会科学版)》1984 年第 4 期。

李澄:《关于普列汉诺夫研究中的几个问题》,《安徽大学学报

(哲学社会科学版)》1984 年第 1 期。

李澄:《论普列汉诺夫对马克思主义社会意识学说的贡献》,《山西师大学报(社会科学版)》1987 年第 1 期。

李澄:《普列汉诺夫与马克思主义历史理论》,《理论探讨》1988 年第 6 期。

李清波、王秀芳:《普列汉诺夫与唯物史观》,《山西师大学报(社会科学版)》1985 年第 3 期。

李厚羿:《社会心理:历史唯物主义研究的新维度》,《理论探讨》2013 年第 6 期。

李明华:《作为社会意识的社会心理》,《现代哲学》2006 年第 6 期。

李庆云:《试析马克思主义经典作家的"文化自觉"思想》,《毛泽东邓小平理论研究》2010 年第 10 期。

李存煜:《社会心理的基本结构特征及形成机制》,《徐州师范学院学报(哲社版)》1989 年第 1 期。

李秀林:《论社会有机体》,《哲学研究》1980 年第 2 期。

李占一:《普列汉诺夫论十九世纪空想社会主义者的历史观》,《学术界》1990 年第 1 期。

李占一:《关于普列汉诺夫政治.理论活动阶段划分的问题》,《河北学刊》1992 年第 1 期。

梁树发:《柯尔施的革命马克思主义观及其启示》,《马克思主义研究》2003 年第 5 期。

林怀艺:《普列汉诺夫对列宁组织原则的态度嬗变》,《科学社会主义》2009 年第 1 期。

列·希罗格拉德、黄登学:《普列汉诺夫论 20 世纪初俄罗斯及西方经济学》,《当代世界社会主义问题》2010 年第 1 期。

刘珍英:《普列汉诺夫与马克思主义哲学的历史转折》,《华侨大学学报(哲学社会科学版)》2006 年第 2 期。

刘旭:《马克思主义大众化的可能、方式与实践——从"五项因素"公式及"误读"理论看》,《湖北文理学院学报》2014 年第 3 期。

刘湖北:《普列汉诺夫在马克思主义辩证法史上的地位》,《南昌大学学报(人文社会科学版)》1987 年第 4 期。

胡传荣:《大俄罗斯沙文主义在苏联解体中的影响》,《国际观察》1994 年第 1 期。

雷丽萍:《东北亚文化圈中的俄罗斯文化》,《东北亚论坛》2000 年第 8 期。

鲁斯捷姆·瓦希托夫:《俄罗斯社会妖魔化列宁的思潮及其危害》,《中国社会科学院院报》2009 年 7 月 1 日。

陆扬:《论第二国际的文化思想》,《甘肃社会科学》2016 年第 5 期。

卢娟:《谈普列汉诺夫对马克思主义哲学阐述的几个特点》,《青海社会科学》1983 年第 1 期。

吕德申:《普列汉诺夫文艺思想的几个重要方面》,《北京大学学报(哲学社会科学版)》1985 年第 5 期。

彭丽鸿:《普列汉诺夫与中国现代文艺思潮——艺术起源说及其影响》,《涪陵师范学院学报》2006 年第 2 期。

彭佩文:《俄国最早的马克思主义理论家普列汉诺夫》,《理论视野》1995 年第 5 期。

M.约夫丘克:《普列汉诺夫与马克思主义哲学在俄国的传播》,《国外社会科学》1984 年第 4 期。

马绍孟:《普列汉诺夫对唯物史观理论来源的探讨及其方法论意义》,《哲学研究》1982 年第 6 期。

潘锦全:《列宁与普列汉诺夫关系探析——基于政治实践与哲学思想的双重维度》,《福建论坛(社会科学版)》2011 年第 4 期。

彭佩文:《关于普列汉诺夫评价中的若干问题》,《理论前沿》1989 年第 8 期。

彭佩文:《普列汉诺夫的社会主义理论》,《中国党政干部论坛》1990 年第 10 期。

尚伟:《普列汉诺夫在马克思主义发展史中的地位和作用》,《思想政治教育研究》2016 年第 2 期。

尚伟:《俄历史学家丘丘金论普列汉诺夫》,《当代世界社会主义问题》2009 年第 1 期。

佘新红:《江泽民先进文化思想研究》,《唯实》2007 年第 4 期。

石苏谊、孙研:《浅析普列汉诺夫的唯物史观》,《山西高等学校社会科学学报》2011 年第 4 期。

孙大为:《普列汉诺夫和李大钊传播马克思主义之比较》,《党史博采(理论)》2013 年第 2 期。

孙来斌:《列宁与普列汉诺夫关于俄国革命道路的争论及其启示》,《政治学研究》2009 年第 1 期。

宋有:《从普列汉诺夫的失足谈对马克思主义的科学态度》,《学术交流》1997 年第 5 期。

唐晓燕:《意识形态建构理论的源与流:从马克思到列宁》,《学术论坛》2018 年第 10 期。

王秀芳:《普列汉诺夫与马克思主义艺术论》,《安徽大学学报(哲学社会科学版)》1990 年第 4 期。

王万民:《邓小平对列宁文化文化建设思想的发展》,《四川师范大学学报》2002 年第 9 期。

王文东:《论普列汉诺夫的宗教道德批判与伦理思想变革》,《首都师范大学学报(社会科学版)》2010 年第 5 期。

王进芬、李东明:《普列汉诺夫党内民主思想评析》,《社会主义研究》2013 年第 3 期。

王进芬:《列宁与普列汉诺夫在党内民主问题上的争论及其现实启示》,《马克思主义研究》2012 年第 2 期。

王荫庭:《普列汉诺夫对历史唯物主义理论的创新性贡献》,《南京政治学院学报》2008 年第 2 期。

王荫庭:《论普列汉诺夫对发展马克思主义辩证法理论的贡献》,《武汉大学学报(人文科学版)》1983 年第 3 期。

王荫庭:《普列汉诺夫对马克思主义地理环境学说的重大贡献》,《哲学研究》1980 年第 10 期。

王文东:《论普列汉诺夫的宗教道德批判与伦理思想变革》,《首都师范大学学报(社会科学版)》2010 年第 5 期。

王东:《普列汉诺夫—梅林—列宁—马克思主义哲学史方法论比较研究》,《山西师大学报(社会科学版)》1985 年第 3 期。

王秀芳:《论普列汉诺夫对历史唯物主义的三个贡献》,《马克思主义研究》1988 年第 3 期。

王家忠:《社会意识的构成新探》,《山东社会科学》1992 年第 4 期。

王复宁:《列宁怎样评价普列汉诺夫》,《南京师范学院学报》1978 年第 2 期。

王兰:《普列汉诺夫对马克思主义文化观的丰富和发展》,《学术交流》2019 年第 8 期。

王祥:《普列汉诺夫的科学无神论思想及其当代启示》,《科学与无神论》2019 年第 5 期。

吴晓明:《普列汉诺夫与马克思主义哲学的存在论问题》,《苏州大学学报(哲学社会科学版)》2007 年第 5 期。

吴晓明:《论普列汉诺夫对唯物史观方法论的研究》,《复旦学报(社会科学版)》1985 年第 3 期。

万永光:《试论普列汉诺夫前期活动对科学社会主义的贡献》,《滨州师专学报》1997 年第 3 期。

吴江:《曾经反对过修正主义的普列汉诺夫怎样堕落成修正主义者》,《红旗》1962 年第 2 期。

徐素华:《普列汉诺夫诞生 150 周年学术研讨会综述》,《哲学动态》2007 年第 8 期。

徐军:《第二国际马克思主义实践观的缺失及当代审视》,《内蒙古社会科学(汉文版)》2019 年第 11 期。

西多罗夫:《论普列汉诺夫在政治上和哲学上的演化》,《哲学译丛》1956 年第 3 期。

张驰、孙来斌：《普列汉诺夫马克思主义世界观形成的脉络——基于早期文献的分析》，《理论月刊》2016 年第 10 期。

郑召利：《诠释与误读——论第二国际理论家对马克思主义哲学的阐发》，《教学与研究》2001 年第 5 期。

周宏：《意识形态理论：晚年恩格斯与第二国际》，《哲学研究》2006 年第 12 期。

张翼星：《普列汉诺夫与列宁主义哲学》，《人文杂志》1986 年第 1 期。

张光明：《重读普列汉诺夫〈在祖国的一年〉》，《当代世界社会主义问题》2006 年第 2 期。

张世海：《文化领导权的本质、作用和实现》，《科学社会主义》2012 年第 1 期。

张京华：《从列宁到毛泽东——无产阶级文化革命概念述评》，《湖南科技大学学报》2006 年第 9 期。

赵士兵：《马克思主义意识形态理论视阈下的社会主义核心价值体系问题研究》，哈尔滨师范大学 2010 年博士论文。

左亚文：《普列汉诺夫的"地理环境决定论"再探》，《湖北行政学院学报》2012 年第 5 期。

曾德生：《普列汉诺夫与晚年恩格斯的意识形态理论》，《理论探索》2009 年第 5 期。

周宏：《普列汉诺夫的意识形态概念》，《南京社会科学》2007 年第 8 期。

周宏、曹克：《试论普列汉诺夫关于无产阶级革命斗争和意识形态的思考》，《马克思主义研究》2007 年第 1 期。

周宏:《普列汉诺夫与马克思主义哲学》,《常熟理工学院学报》2007 年第 5 期。

周建超、吴恒:《普列汉诺夫对马克思社会有机体理论的继承与发展》,《当代世界与社会主义》2013 年第 1 期。

赵克毅:《普列汉诺夫从民粹主义到马克思主义的转变》,《河南大学学报(社会科学版)》1981 年第 4 期。

周民锋:《普列汉诺夫给我们留下了什么?》,《江西社会科学》1988 年第 1 期。

周桂苓:《普列汉诺夫论辩证法是唯物史观的重要来源》,《内蒙古大学学报(人文社会科学版)》1988 年第 1 期。

周海春:《传统文化与文化传统的界定》,《内蒙古社会科学》1996 年第 4 期。

左亚文:《普列汉诺夫的"地理环境决定论"再探》,《湖北行政学院学报》2012 年第 5 期。

朱亚坤:《列宁〈四月提纲〉及与普列汉诺夫争论的多重探观》,《当代世界与社会主义》2019 年第 10 期。

庄新:《鲁迅对普列汉诺夫"唯物史观"的接受》,《郑州航空工业管理学院学报(社会科学版)》2013 年第 5 期。

朱哲、郑伟:《列宁对普列汉诺夫一元论历史观的继承与超越》,《马克思主义理论学科研究》2017 年第 6 期。

郑伟:《从晚年恩格斯到普列汉诺夫:马克思主义意识形态理论的一种进路》,《湖北社会科学》2015 年第 5 期。

五、外文类

Burton Rubin：*Plekhanov and Soviet Literary Criticism*. American Slavic and East European Review, VOl. 15, No. 4（Dec, 1956）, pp. 527 - 542. Published by：The American Association for the Advancement of Slavic Studies.

Bar, Samuel Haskell：*Plehanov*：*the father of Russian Marxism*. Stanford Calif.Stanford University Press, 1963.

E.Van Ree：*Stalin as aMarxist Philosopher*, *Studies in East European Thought*, VOl.52, No.4（Dec.2000）, pp.259-308.

Hill, Chriostpher：*leninandtheRussianRevolution*, HarmMiddlesex：Pengnin Books, 1971.

Mark Bassin：*Geographical Determinism in Fin - de - siecle Marxism*：*Georgii Plekhanov and the Environmental Basbz of Russian History*.Annals of the Association of American Geographers, VOl.82, No.1（Mar., 1992）, pp.3-22.Published by：Taylor&Francis.Ltd.on behalf of the Association of American Geographers.

Robert Mayer：*The Dictatorship of the Proletariat from Plekhanov to Lenin*. Studies in East European Thought, VOl. 45, No. 4（Dec, 1993）, pp.255-280.

Robert Maye：*Plekhanov, Lenin and Working-Class Consciousness*. Studies in East European Thought, VOl. 49, No. 3（Sep, 1997）, pp. 159-185.

RossWolfe：*Religion in Russian Marxism*, Rethinking Marxism,

V01.6,No.1(Jap,1993),pp.40–46.

Samuel H. Baron: *Plekhanog Trotsky, and the Development of Soviet Historiography*. Soviet Studies, V01.26, No.3 0u1., 1974), pp. 380–395.

Samuel H.Baron: *Plekhanov´s Russia: The Impact of the West Upon an" Oriental" Society*. Journal of the History of Ideas, V01.19, No.3 (June,1958), pp.388–404. Published by: University of Pennsylvania Press.

Samuel H.Baron: *Plekhanov and the Origins of Russian Marxism*, Russian Review, V01.13, No.1(Jan.,1954), pp.38–51.

William H. Shaw: *Plekhanov 011 the Role of The Individual in History*, Studies in Soviet Thought, V01.35, No.3 (Apr, 1988), pp. 247–265.

Wolfe, Bertram David: *Lenin and the Twentieth Century Hoover lnstitution Pr*, Stanford University, Callfomia, 1984.

后　记

本书是在我的博士论文基础上修改完成的。在攻读硕士研究生期间,在导师周向军教授的指导下,我开始研究普列汉诺夫的马克思主义观。在攻读博士期间,导师周向军教授指导我继续研究普列汉诺夫的文化理论。博士五年的研究终于汇成了一篇博士论文,经过修改完善形成著作。

首先,感谢我的导师周向军教授对我的谆谆教诲和悉心关怀。他治学严谨,视野开阔,学术精湛,工作负责。有幸做周老师的学生,我感受到了周老师为人之谦和,做事之认真,待人之和蔼,学术之精湛。在研究中,当我遇到困惑和难题的时候,周老师总是给予我及时的点拨和指导。在我的论文和书稿修改完善过程中,周老师都付出了大量的精力和心血,可以肯定地说,正是因为周老师的精心指导,才有了今天的这本著作。所以,我要对我的导师表示衷心的感谢。

在山东大学马克思主义学院求学阶段,还要感谢一直以来陪伴在我们身边的王韶兴教授、徐艳玲教授、方雷教授、何中华教授、费利群教授、马佰莲教授、刘明芝教授、刘雅静教授等,不辞辛劳地为我们传授学科理论知识。他们严谨的治学态度、缜密的思辨能力、开阔的学术视野和宽厚仁爱的处世态度让我敬佩、敬畏。感谢这些老师平时对我的肯定和鼓励,奠定了我不断前行的信心。诸位老师的言传身教、悉心帮助,学生受用一生! 同时也感谢盛强老师、孟鹏老师在我的学习和生活等方面提供了诸多便利和帮助。感谢我的同窗好友杨燕、丁燕、于欣、孙成豪、刘艳、赵萍、杨海波、王铁、何萌、李延太等,他们都在生活、学习上给予我许多无私的帮助,同窗之谊必定谨记! 我还要感谢我的爱人和孩子。在我博士求学期间,我的爱人始终关心支持我的学业,每当我遇到困难和困惑的时候,总是给予我鼓励与默默的奉献。没有她的鼎力支持,我不可能顺利完成博士论文和著作。感谢我的孩子,给了我前进的动力,也愧疚于我的孩子,由于要做博士论文,很多时候无法全身心照顾他。

还要感谢单位的领导和同事,是他们对我工作上的帮助和宽容让我能够有时间投入学习完成学业和著作。另外在本论文的写作过程中,还参考了学界前辈很多有价值的研究成果。在此一并深表谢忱。

本书行将付梓之际,还要感谢人民出版社赵圣涛编辑的支持和帮助。

但是由于本人学识水平所限,著作中的有些观点不够成熟,认识不够深刻。这些不足激励着我继续学术之旅,继续不断求索。

郭 鹏

2020 年 5 月 29 日于济南

责任编辑:赵圣涛
责任校对:吕　飞
封面设计:胡欣欣

图书在版编目(CIP)数据

普列汉诺夫文化理论研究/郭鹏 著. —北京:人民出版社,2020.9
ISBN 978－7－01－022290－5

Ⅰ.①普…　Ⅱ.①郭…　Ⅲ.①普列汉诺夫(Plekhanov,Georgi Valentino
1856-1918)-文化理论-理论研究　Ⅳ.①G0

中国版本图书馆 CIP 数据核字(2020)第 119419 号

普列汉诺夫文化理论研究
PULIEHANNUOFU WENHUA LILUN YANJIU

郭　鹏　著

人民出版社 出版发行
(100706　北京市东城区隆福寺街 99 号)

中煤(北京)印务有限公司印刷　新华书店经销

2020 年 9 月第 1 版　2020 年 9 月北京第 1 次印刷
开本:710 毫米×1000 毫米 1/16　印张:15.75
字数:210 千字

ISBN 978－7－01－022290－5　定价:59.00 元

邮购地址 100706　北京市东城区隆福寺街 99 号
人民东方图书销售中心　电话 (010)65250042　65289539